大村智

2億人を病魔から守った化学者

Satoshi Ōmura

馬場錬成 著

中央公論新社

プロローグ

ガーナ共和国の首都・アクラ市の郊外を抜けると車窓からの景色は見渡す限りサバンナとなった。アフリカの赤い土を覆い隠すように濃い緑のブッシュと背丈の低い木々が限りなく続き、一直線に続く道路の果てに青い空が広がっている。雨季から乾季へと入る季節を迎え、灼熱の太陽光は日増しに強くなってあたりを支配していた。

大村智と世界保健機関（ＷＨＯ）の関係者、ガーナ共和国政府関係者らが数台の車に分乗し、首都からガーナの第２の都市クマシイの北１００キロにある集落アズベンデを目指していた。その集落は、一昔前まではオンコセルカ症の蔓延地域として人々を震え上がらせていた。原住民たちの間では恐ろしい病気として知られていたそのオンコセルカ症も、やがて感染者が劇的に減少に転じていく。大村が発見した微生物から作った薬剤によって、もはや絶滅することが約束されている。現地の状況を自分の眼で見るための視察旅行に、大村は秘かに胸を膨らませていた。

ガーナは熱帯地方特有の果物に恵まれ、幹線道路の所どころにある果物店の店頭には、色とりどりの果実が整然と積み重なるように陳列されている。大村は山梨県韮崎市の農家に生まれ、自然とともに育ったので農作物や果物などには関心が深い。青リンゴと思って手に取ったものを切ってみると、中身はマンゴーのような色で身の真ん中に桃のような大きなタネがある。ひょうたん型をした大ぶりのアボカド風の果物は、熟しているのでバナナの皮のようにむけてしまう。きいてみればやっぱりアボカドだという。値段は驚くほど安い。そんなことを見たり聞いたり食べたりして楽しみながらドライブ気分で走っているとガーナの職員が突然、ドライバーに車を止めるように命じた。

人の気配がまったくないレンガ色をした朽ち果てた建物の残骸が、繁みの中から無残な姿をさらしている。

「ここは昔の集落の跡です。オンコセルカ症が蔓延したので人々は安全地帯を求めて他の土地に移住していったのです」

河川に隣接した集落では、頻繁にオンコセルカ症が流行した。オンコセルカ症は別名河川盲目症とも言われてきた。この感染症を媒介するのはブユである。水中に卵を産み付け、約10日で孵化した幼虫は川の岩の表面や水草に吸着して成育し、やがて成虫となる。ブユは蚊やアブと同じように、メスだけが人の肌にとまり吸血する。そのときオンコセルカ症の原因となる線虫の幼虫であるミクロフィラリアがブユの吸血とともに人にうつっていく。オンコセルカ症感染者の血を吸ったブユが、健常者の血を吸うときにミクロフィラリアをうつしていくのである。

ミクロフィラリアは体内に入ると血液やリンパ液を通して全身に運ばれ成虫となって皮膚の下に棲みつき眼の組織の中に入り込み、疥癬、象皮病、白内障や角膜炎を起こして盲目にする。大村は廃墟というにはあまりにみすぼらしい集落跡を見ながら、数日前にスイスのWHO本部で何回も聞いた話を思い出していた。

２００４年9月16日、大村は東京からスイスとアフリカの視察に旅立った。北里研究所創立90周年記念と自ら開発したミクロフィラリア根絶薬イベルメクチン発見から25周年という節目を迎えたための記念事業の一環であった。ジュネーブのＷＨＯ本部に立ち寄り、イベルメクチンの投与作戦を聞いた。そしてミクロフィラリアが起こすオンコセルカ症の蔓延地域であったガーナとブルキナファソの両国に入り、イベルメクチンによってこの感染症を根絶する戦略を現地視察する旅であった。

ＷＨＯ本部では総裁のジョン・ウック・リー、感染症部門ディレクターで厚生労働省から出向していた遠藤弘良、熱帯病特別研究訓練計画（ＴＤＲ＝The Special Programme for Research and Training in Tropical Diseases）所長のＲ・リッドレイらの部屋を表敬訪問した。北里研究所との協力関係を話し合い、話題は自然にイベルメクチンへと移っていく。どの人も口々にイベルメクチンの素晴らしい効果を褒め称えた。

「本薬剤は、かつてのどの熱帯病治療薬と比較しても、ケタ外れに優れた効果を持つものです」

集落の廃墟を見ながら大村は、その言葉を思い出し、そして人々を苦しめた恐ろしい病気も間もなく絶滅できるだろうという確信を深くしていた。

クマシイで小休止し、繁華街の喧騒を抜けると、再びサバンナを切り裂くように延びる幹線道路をひた走った。大村は車の中でＷＨＯ本部で渡された資料に目を走らせながら、改めてイベルメクチンの効果のほどを、数字を追いながら確かめていた。イベルメクチンが投与される前、世界では年間数千万人の人々がオンコセルカ症に感染し、失明者を含めて重篤な眼病に罹患している人々は数百万人と推定されていた。失明の原因となっているミクロフィラリアの感染予防は、イベルメクチンを体重1キロ当たり150マイクログラム、年1回飲むことで達成される。

世界には多数の感染症があり、その病気に投与される抗生物質もまた多数ある。しかし年1回の服用だけで効果が出るのはこのイベルメクチンだけだと言ってもいいだろう。多くの抗生物質には耐性菌が登場して悩ませるが、イベルメクチンは1987年に最初に使われて以来、年間2億人内外の人々に投与されているのに耐性線虫の確たる存在は報告されていない。

こうした効果に驚いたＷＨＯは、地域集団投与を実施して根絶作戦を進めてきた。何よりもこの薬剤は医師や看護師の助けを借りなくてもいい。人々は手渡された薬剤を服用すればそれでいい。ＷＨＯは400人から600人の集落ごとに配布責任者を決め、集団に年1回薬剤を配布して服用させる作戦を展開していた。

イベルメクチンを服用すると体内に棲みついているミクロフィラリアをことごとく殺虫して消滅させる。これを年1回服用すれば、ミクロフィラリアを他人にうつすこともうつされることもなくなる。失明する危険もゼロになる。フィラリアの成虫を持っている患者には効かないが、新しい感染者を出さなければいずれ絶滅できる。アメリカの製薬企業のメルク社は、この薬剤成分の発見者である大村の同意を得て、1988年から無償で必要なだけイベルメクチンを蔓延国に提供していた。

アズベンデは、赤土と緑の木々に囲まれた集落であった。広場の一角に車を止めると集落の人々が集まってきた。大村は子どもたちの顔を見て心に安らぎを覚えた。人懐こい笑顔には2つの眼が輝いており、好奇心に満ちた視線が一斉にこちらに向いている。ジュネーブのWHO本部で見てきた像と同じように1本の杖に引かれて歩く盲目の患者の姿を目で探すが、子どもたちの健康そうな群衆だけが広がっている。

現地の小学校の教師が英語で通訳をしてくれた。その彼に伴われて土塀に草ぶき屋根の1軒の家に入っていった。50歳前後だろうか、衣服はこざっぱりして清潔な感じの婦人が通訳を通して3人の男の子の母親だと名乗った。家というにはあまりにみすぼらしい。戸口に立っただけで内部のすべてが見渡せる。6畳間ほどだろうか、そこは土間での生活だった。土の上にじかに敷いて寝るのだろう。布が無造作に丸めて片隅に置いてあり、この空間で4人が生活している。

子どもたちが午前中の学校が終わって帰ってくると、農作業をして生計を立てているという。気が付くと子どもたちの杖で導かれる盲目になった人たちの姿があちこちに見える。自然な姿となって人々の動きにとけこんでいるので、大村にはよく分からなかったのだ。集落の人々に助けられながら、盲目になった人たちが静かに生活している様子が伝わってきた。

「子どもたちは、メクチザン（イベルメクチンの製品名）を服用しているので、他人にはうつさないし自分たちも盲目にならなくていい」

人口500人ほどのこの集落の子どもたちの10人に1人は、家に盲目になった人がいるという。失明は徐々に進むので働き手の多くの人々は、眼が不自由になっている。集落のほぼ真ん中にある大木の下には、盲目になった大人たちと一緒にリンパ系フィラリア症になった人も集まってきた。リンパ系に入り込んだミクロフィラリアがリンパ管やリンパ節に寄生して障害を起こし、身体末梢部にリンパ液が滞留して結合組織が増殖し、太い樹木のように浮腫を起こした人である。ミクロフィラリアが皮膚に入り込むとやたらとかゆくなり、かいて肉をそぎ落としたようになっている人も見かけた。多くの人々がこの病に悩まされてきた様子を見て、大村は心痛するばかりだった。

このような大人たちと対照的にオンコセルカ症とは無縁になった子どもたちだけは、元気な姿を体いっぱいあらわしている。大村は集落の教室へ案内されて入っていった。黒板は墨を塗った粗末な板で作られている。案内役の人が大村を日本から来た先生だと言っているようだが、どの顔もきょとんとしている。大村は通訳に促されて黒板の前に立つと、簡単な英語を使いながら子どもたちに話しかけてみた。JAPANと言ってもTOKYOと言っても誰も知らない。大村は旺盛な好奇心をいっぱいにした子どもたちの眼を見ながら問いかけてみた。

「メクチザン、知っていますか?」

とたんに怒濤のような叫びがあがった。すかさず通訳が「この先生はメクチザンを作った先生です」と紹介する。

またもひときわ高く叫びがあがった。「メクチザン、メクチザン」と子どもたちは口々にはや

イベルメクチンの投与でオンコセルカ症から救われた子どもたちに取り囲まれて歓迎を受ける大村（2004年9月、ガーナ共和国アズベンデで）

し立てている。大村は、子どもたちの眼の輝きと全身からはち切れんばかりに出てくる若いエネルギーを感じて身震いした。この子どもたちが大人になるころは、オンコセルカ症やリンパ系フィラリア症は昔語りになっているだろう。この集落も大勢の働き手たちによって活気ある地域へと変わっているだろう。

案内役がカメラを持ってきて構えると、子どもたちが大村をわっと取り囲んだ。大村がVサインを見せると、子どもたちも大声で笑いながらVサインをかかげる。健康に輝く若い渦の中で大村は、この地に光を当てたことを初めて実感していた。

この本は、山梨県に生まれ夜間高校の教師から研究者に転じて先端の研究業績を蓄積し、ノーベル賞候補と言われるまでに飛躍していった化学者、大村智の実録評伝を書いたものである。熱帯地方の2億人の人々を毎年病魔から守った化学物質の発見と化学研究に欠かせない多くの新しい酵素類の発見は、国際的に高く評価されており、その成果がもたらした特許ロイヤリティによる研究現場への還元で、最も貢献した研究者である。大村の成長期から研究成果が大きく実を結ぶまでの研究活動を辿ってみたい。

大村　智　2億人を病魔から守った化学者——目次

大村　智

2億人を病魔から守った化学者

装幀／神原多美子
本文ＤＴＰ／今井明子

第1章 ● 自然と親しんだ小学生時代

甲府盆地で育った幼少時代

大村智の伝記を書きたいと申し出たとき、大村は「生まれ故郷の土地を見てもらいたい。自然と接して育った少年時代を抜きにして私の研究人生は語れない」と語った。早速、山梨県韮崎市に今も残っている大村の生家を訪ねた。昔ながらの農家の大きな家屋は、今は誰も住んでいないが往時のたたずまいを残したままひっそりと静まり返っていた。

生家の前に立った大村は、周囲をめぐりながら語り始めた。甲府盆地の北西側のはずれ、北に八ヶ岳、東に茅ヶ岳、その奥には金峰山、国師ヶ岳、甲武信ヶ岳、大菩薩嶺と連なる秩父連峰、西の裏山の陰には南アルプス、そして南側には御坂山地の上に聳える霊峰富士山を拝むことができる。

大村の生家の裏山には、国の史跡に指定された戦国時代の烽火台跡がある。そこに立つと甲府盆地を一望のもとに眺めることができる。そこから甲府の城まで、一直線に「のろし」で情報を送ることができたのだ。村人が城山（白山城跡）と呼ぶその地は、武田信義公以来の史跡である。

武田信義公から15代目が武田信玄になる。このように大村は、山々の懐に抱かれた豊かな自然の中で営々と息づいてきた史実に囲まれて育ったのである。

「お母さんが帰ってきたよ」。雲にまだ少し明るさが残る夕暮れに子守が言う。遠くに米粒のように見える人影。子守が指をさす方向を見て、うれしくて足をばたつかせた。これは大村が記憶する母親の記憶の中で、最も古いものである。大村は1935年7月12日、大村恵男（よしお）、文子（ふみこ）の間に農家の長男として産声をあげた。

両親、祖母、叔父、姉と自宅にて。前列左から2人目が大村智（1939年）

1935年は昭和10年である。どのような時代だったのだろうか。日本は戦時体制化へ向かって軍国主義が跋扈し、戦争へ向かってまっしぐらに坂を駆け下りていった時代だった。美濃部達吉の天皇機関説は国家に対する謀反であるとして国会で糾弾され、美濃部は右翼団体から攻撃を受け東京地検からは召喚されて取り調べも受けている。政府は、天皇機関説は国体の本義に反するとして2回にわたって日本は天皇が統治する国家であるとする「国体明徴声明」を出した。

酒類を出さないカフェとして「喫茶店」という店が登場し、レコード音楽を聞かせる喫茶店を「純喫茶」と呼ぶようになる。都市近郊の自然を探索して歩くことが流行し、これを「ハイキング」と呼んでもてはやした。また戦時体制の中で国の方針に協力的でない人を「非国民」と呼んで盛んに非難した。言論の自由はなくなり、世の良識派は封じ込められていくようになる。

大村の父親は農業をやりながら地元の世話役、リーダーとして活躍し、母親は国民学校（小学校）の教師をしていた。子守と一緒に母親を迎えた古い記憶は、母親が隣の清哲村の国民学校から4キロの道のりを帰ってきた夕暮れの風景である。当時の農家としては珍しいことであるが、母親が外で働いていたため家事はすべて祖母が差配していた。

大村がまだ国民学校へあがる前のことだ。母親が教師として働いていた国民学校に連れていってもらったことがある。学校の子どもたちは「先生の子どもが来た」といってはやし立て、歳上の少年たちに手を引かれて校内を歩いたり、上級生にはおぶってもらったりもした。その中でも大村が今も忘れられない情景は母親のピアノを弾く姿である。そのピアノは甲斐国山梨郡正徳寺村（現、山梨県山梨市）出身で東武鉄道の創始者であり鉄道王と呼ばれた実業家根津嘉一郎が山梨県下の全国民学校に寄付したものの一つであった。当時、その近隣ではピアノは学校にしかなかった。大村少年の目に映ったピアノを弾く母親の姿は、いつもの母親ではなくまるで見知らぬ素敵な女性であるかのようであった。それが嬉しくて大村少年は教室をはしゃいで跳び回った。

学童疎開の子らと過ごす

1941年4月、大村少年は神山村立神山国民学校に入学する。日本はこの年の12月8日、日本海軍が米国・ハワイ真珠湾を攻撃し太平洋戦争へと突入する。世の中は戦時一色になっていた。

緒戦に勝利を収めたと政府は大々的に発表し、国全体が戦勝ムードで高揚していた。しかしそれも長続きはしなかった。翌年の6月5日、ミッドウエー海戦で決定的な打撃を受けた日本軍は機動部隊の中核である戦艦4隻と艦載機のほとんどを失い、戦局は一挙に傾いていく。日本列島の都市部では、連日、米軍機の空襲で甚大な被害が広がっていく。政府は1944年（昭和19年）6月30日、学童疎開促進要綱を閣議決定し、3年生以上の国民学校の子どもたちを空襲の及ばない地方へと疎開させることにする。日本の田舎の学校の教室には、都会から疎開してきた見慣れない学童の姿が目立つようになる。

大村少年が通っていた神山小学校の教室は男子が9人、女子が20人といういびつな男女比だった。女子の数がなぜ圧倒的に多かったのか大村には今もってよく分からない。女子のほうが男子よりも見た目にも精神的にも成長が早いものだ。加えて9対20である。男子たちにとって20人の女子が非常に強く感じられた。たとえば便所掃除なども女子から言いつかってやらされていたし、いつも何かとやり込められていた。しかしこのいびつな男女比の構成は戦時下になって変わっていった。戦況が悪くなるにしたがって、さみだれ式に学童疎開で田舎に来る子が増えてきた。1945年の終戦時の5年生のころには、教室は60人ほどに膨れ上がっていた。

戦中・戦後のこの時代にあって、農業を営む大村の家では食べるものに困ったことがなかった。いつでもご飯を腹いっぱい食べることが普通だった。学校には弁当持参だが、大村少年の弁当には芋か麦が半分以上混ぜてあった。疎開してきた子どもたちの弁当は、ご飯が半分しかなかったから配慮したのである。冬になると達磨ストーブの周りにアルミの弁当箱を積み重ねた。ある日、子どもが弁当箱の山をひっくり返してしまい大騒ぎになった。すると突然一人の女の子が大声で泣き出した。「楽しみにしていた弁当が食べられない」と泣きじゃくる。しかも夕食も食べられるかどうか分からないと訴える。

大村少年の家にも毎日のように、東京方面からの食糧の買い出し人が来ていた。終戦直後には父親の作った薩摩芋の苗床の種芋を掘り返して持ち去ったこともあった。家の者が留守中に、祖母の炊いておいた米飯などがすっかりなくなっていたこともあった。戦中戦後の困窮は、この片田舎にも波及してきていた。しかし大村は食べるものに困ったことを覚えていない。ただ砂糖だけは貴重品であり、祖母が砂糖を管理して子どもたちの手の届かないところに隠しているつもりだったようだ。しかし大村少年ら兄弟姉妹たちは、たちまち隠し場所を発見し、秘かに砂糖をかすめて舐めることも楽しみであった。

このころのことで大村は、父親の先見の明で忘れられないことがある。父親は英語だけは勉強しろと言って英語を勉強することに応援を惜しまなかった。しかし戦時中のことである。敵国の言葉を学ぶことは禁じられていたし、甲府の田舎では英語の教材も教科書も手に入れることができない時代であった。しかし疎開で村へ来る人の中には、英語の素養がある人もいた。そういう人を見つけると父親は、お金はないのでと断りながら米を持参して「うちの息子や娘に英語を教えて欲しい」とお願いに歩いた。父親の思いを受けて英語を得意とした兄弟姉妹は出なかったが、大村の研究生活が本格化して英語で苦労するようになると、父親の先見の明を思い出しては畏敬の念を覚えることがあった。

野良仕事を手伝った小学生時代

父親の恵男は躾には厳しかった。特に長男である大村少年には、家長となるべく厳しい育て方をした。冬の寒い朝、手をポケットに入れて背中を丸めていれば大声で怒鳴られる。上級生にやりこめられてめそめそしていれば、家には入れてくれない。父親はいつも「弱いものいじめは絶対にするな」「約束ごとは必ず守らなければいけない」などと厳しく教えた。

しかし両親から大村少年をはじめ大村家の5人の兄弟姉妹は、「勉強しなさい」と口うるさく言われたことがなかった。ただ一度だけ、小学校2年生のときだった。新しいノートに数頁にわたって落書きした大村少年を母親はノートを破りながら叱ったことがある。勉強しろとは言われなかったが、そのかわりよく仕事をいいつかった。農家の子として野良仕事を手伝うのは当たり前の時代だったが、それにしても大村少年は農家の長男として実によく家業の手伝いをした。

夜のうちに翌日の授業に合わせてカバンの中身を準備しておく。朝は、畑に出て農作業の手伝いをして登校ギリギリまで働いた。時間になると急いで家に戻り、カバンを持って学校へ行った。ただ「勉強をしたい」と言えば勉強をさせてくれた。それをいいことに仕事がいやで勉強をしたことさえあった。

大村少年が野良仕事を手伝っているとき、父親はよく自分の尋常小学校時代の話をした。学年がダブって編成された「重複学級」で一緒だったのは、父親がよく自慢していた1級上の学友の功力（くぬぎ）金二郎である。功力は世界的な数学者になり大阪大学教授、日本学士院会員になった人である。父親はその功力と小学校時代に勉強をよく競い合った仲であった。しかし18歳のときに父親に死なれ、６人きょうだいの長男であったため上級学校に進めなかった。勉強を競った功力たちが進学するのを横目に、父親は一家の生活を支えなければならなくなった。

大村が中学生のころ、部屋の片づけをしていたとき見慣れない段ボール箱を見つけた。開けてみると30冊以上の「高等講義録」が出てきた。それは父親が通信教育で使った教科書とノート類だった。忙しい農業の仕事をやりながら寸暇を惜しんで勉強していた父親のことを知って大村少年は感動し、怠けて遊んでいた自分に恥じ入った。

父親は若いときから村のリーダーとして認められるようになり、神山村が韮崎町と町村合併するより以前に、前倒しで中学校を統合させたこともあった。大村少年が育った神山村の鍋山地区は、父親の主導で県下１、２というほど早くに簡易水道が引かれた。また戦後の農地改革や市町村合併問題の解決でも奔走し、恩賜林組合・徳島堰組合の要職を務め、小、中学校のＰＴＡ会長や副会長も務めていた。

父親は曲がったことが嫌いで、はっきりとものを言う人だった。そのため周りの人たちからは恐れられていた。ＰＴＡ会長として学校へ足を運ぶことも多かったが、掲示板などに誤字を見つけると教員に注意をする。若い教員には怖い存在であった父親だが、始業式の挨拶の際、他の会で出された酒で酩酊したままスピーチして、大村少年は姉とともに恥ずかしい思いをしたこともあった。

農作業から学んだ自然科学の基礎

大村が小学生のころ、こんなことがあった。隣村にある母親の妹の家に田鋤きの手伝いのため、父親と一緒に馬を引いて出かけた。ところが父親は「酒を頂いて帰るから、お前は馬に乗って先に帰れ」と言う。その帰りの約3キロの道のりで、大村少年は馬の背で居眠りをしていた。はっと気がつくと馬小屋にいた。馬が自ら小屋に入って大村少年が目覚めるのを待っていたのだ。普段から大村少年は草を刈り、葉を切って飼料を与えていたからかなと思った。父親からは「馬の扱いでは、たとえお前の体が小さくても堂々と御することが大事だ。馬は人を見るからな。やさしくしてやると覚えていてよく言うことを聞く」と教わっていた。

無口だった父親は、家では酒を飲んだとき以外はあまり話をしなかった。しかし田んぼや畑での農作業や山仕事のとき、農業に必要な技術や知識をこと細かに教えた。当時の農作業では、馬は欠かせない存在だった。米俵を結い、馬の鞍に乗せて縛りつけるという高度な技術も、大村少年は中学生のころまでにはすっかり身に付け近所の人々を感心させた。父親が要領良く教えてくれたからでもあった。

大村少年は父親と一緒に山へ行くことも多かった。檜、赤松、唐松などの植林のためだ。「これらの樹木は自分の代には切り出せるようにはならないが、将来お前たちの代になると役に立つ。そして今切り出している材木は、先祖の人々のお蔭なんだ」。父親はしみじみと語った。

夏にはよく川へも行った。夕飯を済ませてから、カンテラとモリを持って父親のあとを追う。ウナギを捕まえに行くのだ。これは大村少年の夏の楽しみでもあった。父親は「ウナギは太平洋

母の膝の上であくびをしている大村智（1937年）

で産卵・孵化して富士川を上り、ここまでやってくる」と話を聞かせたが、大村少年には、その意味がよく分からなかった。しかしこのような話は、大村少年の好奇心を大いにかき立てた。

大村少年が初めて海を見たのは、小学校の２年生のころだ。山に囲まれた甲府盆地で生まれ育った子らにとって、海は想像の世界でしかなかったが、父親に横須賀にある親戚の家に連れていかれたとき久里浜の海岸で初めて海を見た。それは想像を絶する広大な海原であった。大村少年の腕白仲間の一人に村一番の資産家の息子がいた。屋敷に大きな池があり、遊んでいるうち危なく池にはまりそうになったことがある。大村少年が見た一番大きな水の容積だった。同じころ祖母に連れられて、親戚のある富士吉田に行く道中で河口湖畔に寄った。上級生たちが歌っていた「海は広いな、大きいな～」という歌唱を思いだして、大村少年は「海は広いな！」と歓声を上げげた。しかし、「さとし、これは海じゃないよ。河口湖という湖なのだよ」と祖母は言った。

横須賀での滞在は、中学生のころまで夏休みがくるたび毎年続けられた。泳ぎにかけては、生家の近くを流れる徳島堰の急流で上級生に鍛えられていたので、静かで自然に体が浮く海での泳ぎは楽であった。大海で泳ぐ気分は徳島堰では味わえない解放感に満ちていた。背泳ぎをしていると見えるものは空ばかり。海の大きいことも思い知らされた。

実は、横須賀に行く楽しみは別のところにあった。敦子姉さんに会えるからである。姉さんと言っても母親の叔母の娘であるが歳があまり違わないので、大村少年らきょうだいは「敦子姉さん」と親しく呼んでいた。当時、敦子姉さんは女学校に通っていた。映画女優の原節子を一回り小さくした感じで、もっと別嬪に見えたし凛とした気品をそなえていた。5人きょうだいの憧れの人であった。

ある年、小学校にあがったばかりの5つ歳下の2番目の弟が一人で横須賀に行った。そのとき敦子姉さんに連れられて「猿島に海水浴へ行ってきた」と自慢そうに話していた。ところが、しばらくして発覚したことがある。横須賀の沖合にある猿島に海水浴に行ったときに、弟はどうしたことか海水パンツを海の中で流してしまい、フリチンで海からあがってきたのだ。本人も慌てたであろうが敦子姉さんの目のやり場のない様子を想像し、憧れの敦子姉さんを窮地に追いやった弟を大村は心の中でなじっていた。

家業である農業の手伝いは、大人になってから振り返ってみれば豊かな環境の中で自然を観察・体験する日々だったことが分かる。カエルの冬眠をする姿を見たこともあった。家業の一つである養蚕を手伝いながら、カイコが卵から脱皮をくり返してサナギとなり、蛾となっていく過程をつぶさに観る機会もあった。たい肥づくりもよく手伝った。学校の教科書以外での体験によって、大村少年は動植物や自然現象に興味を持つようになっていった。

たい肥づくりの体験は、後の大村の研究とも密接に関わってくる。山から木の葉をかき集め、ワラを集めてたい肥のもとを作る。その上から便所に貯めていた糞尿をまいたり家畜動物の排泄物を含んだワラを混ぜ込み微生物を繁殖させる。その当時、便所は水洗ではもちろんない。糞尿を貯めておいて、田畑の肥料やたい肥にまいて使っていた。このようにして土壌を絶えず生きた形で使っていたのである。微生物を扱う研究者になった大村は、有機農業そのものだった少年時代の農作業をよく思い出した。昔は微生物を適当な培地（養分）で増殖させ、その培地のほとんどが農業生産物か廃棄物であった。無駄がほとんどないエコの世界の科学を大村は少年時代に自然に体験していたのである。

農業は科学そのものである

農業の手伝い、特に鋤を使った作業は、幼い大村少年にとって過酷な作業であった。あまりに辛くて、幼いながらも大村少年はその作業を機械でできないかと考えた。いろいろと具体的に考えを巡らしていたが、後年、大村少年が考えていたものよりももっと大きく一度に作業を完了させてしまう機械が登場した。トラクターである。大村が子どものころに考えていたものが何もいらなくなってしまった。

「目先のことだけ考えていたらだめなんだ」

後年、大村は次々と微生物由来の有効な抗生物質を開発する科学者へと育っていくことになるが、少年時代に体験したことが科学者として成長するための原動力になっていた。少年時代、農業を手伝ったことが、自然科学への興味やさまざまな自然現象についての知識を知らず知らずのうちに身に付けさせ、研究者としての考えや行動にも大きな影響を与えていた。子ども時代のことを聞くと、大村はこう語った。

「農作業の計画と実行は、化学における実験や作業計画とよく似ている。どちらも、将来を見越して計画を立て、臨機応変に変更していく。農業とは自然を学ぶことであり、農民は自然科学者であると思う」

研究者になってから、東京農業大学の初代学長だった横井時敬（よこいときよし）が「稲のことは稲に聞け、農業のことは農民に聞け」とか「農学栄えて、農業滅びる」と主張していることを知り、大いに共鳴したことがある。大村は自らの体験からこの言葉の意味をよく理解するようになったのである。

情操教育に熱心だった両親

大村は趣味の域を超えるほど絵画の鑑賞眼を持っており、絵画の収集家としてもあまりに有名である。この土台が作られたのもまた少年時代であった。

大村少年の父親と母親は勉強を強制したことはなかったが、子どもが自分のやりたい目標を見つけるとそれが叶うような環境づくりをすることに努力を惜しまなかった。大村の少年時代には「情操教育」という言葉が一種の流行り言葉になっていた。大村が長じて振り返ってみると、両親はこの情操教育に熱心だったことに気が付く。モノのない当時でも習字、絵画などの教材はいつも絶やさないようにしてくれた。母親はよく「絵を描きなさい」と言って、絵の具を買ってくれた。子どもたちに絵の具を買い与えるような農家はそのころほとんどなかったが、教師をしていた母親はそのくらいのお金はいつも持っていた。

母親の文子はいつも暗いうちに起き、洗濯をすませ朝食の準備をした。洗濯機などなかった時代である。大きなたらいに洗濯物を入れ、洗濯板に洗い物を押し付けてごしごしと洗う作業はかなりの力仕事である。祖母も家事を手伝っていたが、労働のきつい洗濯は母親の仕事だった。大村少年ら子どもたちが祖母に起こされるころには、母親は教員をしている隣村の国民学校へ出かけたあとだった。大村少年と１つ上の姉とは祖母に朝食を食べさせてもらい学校へ出かけた。

母親は１９０６年10月２日の丙午（ひのえうま）の生まれである。このことは母親の性格と人生に大きな影響を及ぼしている。丙午の女性は「気性が激しい」「男を食い殺す」といった迷信があった。これは、江戸時代前期、井原西鶴の『好色五人女』の中に出てくる八百屋お七が丙午の生まれだといわれていたことに端を発するようだ。

父親は酒の席になると母親のことを「嫁に行けないのを俺がもらってやった」などとよく冗談を言っていた。母親からは、この年に生まれた女の子たちの中には自殺をしたり嫁に行けなかったりと、悲惨な生涯を送った人たちがいることを聞かされていた。実際に母親の同級生の女子の何人かが、年ごろになって自殺したということを母親から聞いたこともあった。

母親の実家は山梨県中巨摩郡田之岡村（現、南アルプス市）の地主で、祖父は神職のかたわら郡長なども務め、晩年は官選村長として各地を回り歩いた。その祖父が母親の将来を思い、村の小学校を卒業させた後、家から6キロも先の甲府高等女学校へ歩いて通わせた。さらに山梨師範学校へと進ませ、母親を小学校の教師にした。丙午の女として結婚ができなかった場合の、娘の自立を頭に入れてのことであったのだろう。

母親は学校では主に音楽を教えていたが、大村少年が母親から歌を教えてもらったことはなかった。職場で腕白な子どもたちを相手にし、帰宅してからも大村少年ら腕白な5人の子どもたちの世話で疲れはてていた。学校の休みのときは父親の農業を手伝い、養蚕もしていたので母親は働きづめだった。養蚕はもっぱら祖母と母親の担当だった。大村少年ら子どもたちは、ゆっくり休んでいる母親の姿を見たことがなかった。

音楽教師を母親に持ちながら大村少年らきょうだいは末の妹を除きみな音痴である。それは、信心深い祖母がよく唱えていた念仏を聞いて育ったせいではないかと大村は考えたことがある。祖母自身もまた音痴だった。ただ末の妹が唯一の例外で、音楽会で全国大会まで出場した経験がある。しかし、おそらくそれは妹が物心ついたころには、母親が教師を辞めて家にいたせいではないかと大村は考えている。

農業と養蚕で5人の子は全員が大学へ

母親の文子は大村少年が国民学校5年生のころ、大村少年が通っていた神山国民学校に転勤してきたが、１９４５年８月の終戦とともに教員を辞めた。終戦を迎えた年、大村少年は10歳になっていた。

戦後の農地解放によって、大村の家の農業を手伝う人もいなくなった。そのため母親も、野良仕事をせざるを得なかった。小さな体に大きな籠を担ぎ、田や畑へ父親と一緒に出かけていった。やがて父親に村の要職が増えて出かけることが多くなってくると、ピアノを弾いていた細い手に鍬を持ち、祖母とともに農業を守った。そして大村少年は、その母親の生活の中に多くを学んだ。

母親はほぼ20年間の教員生活の後、子どものころもほとんど経験のなかった農業を42歳にして本格的に始めたのである。その年からでは無理だと諦めても不思議ではないが、初めは見よう見まねだったがいつの間にか田植えや桑摘みなど一人前の仕事をするようになった。

祖母は夫に早くに先立たれ、女手一つで6人の子どもを育て上げた気丈な女であった。長男が18歳のときに夫が亡くなったというのだから、その後家計を切り盛りし子を育てる苦労は並大抵のことではなかっただろう。そのしっかり者の祖母のもとに嫁いできた母親は、農作業から養蚕までみっちりと仕込まれ、気が抜けないことの連続であったと思われる。しかし母親は嫁に来る前から桑摘みと養蚕の覚えがあり、嫁ぎ先で養蚕の技術を磨いていったことで精神的に大きな支えになったに違いない。

母親の生まれ育った田之岡村は県下でも屈指の養蚕の盛んなところであり、母親も幼いころから桑摘みなどを手伝っていた。そのため桑を摘むことにかけては、祖母にも父親にもひけを取らないだけの技術を身に付けていた。母親は教員を辞めてからも村の人たちからは「先生」と呼ばれていた。教員をしていた経歴だけではなく、養蚕のことを村の人々に教えるようになっていたからだ。母親が養蚕の技術を向上させることができたのは、毎日丹念につけていた母親の日誌のせいであった。1日の家事が終わり寝る直前になってから母親は日記を書き始めた。疲れのためペンを持ったまま眠り込んでしまうのも度々だったと母親から聞いたことがある。

大村家は養蚕にかけてはいつも繭の検定に合格するなど、村で1、2を誇る成績を上げ品質のよいものを生産していた。それだけ現金収入もあったのである。その最大の貢献者は母親だった。戦後しばらくの間、工業力がまだ戦争の疲弊から立ち直れない時期、我が国の養蚕は貴重な外貨を稼いでいた。大村家は、養蚕にかけては母親が中心になって経営し、そこからあがってくる貴重な現金収入をもとに5人の子どもたち全員を大学にやることができた。当時、大学まで進学できるのは、村でも非常に珍しかった。大村は5人きょうだいの長男であり上には姉が1人いる。その5人の兄弟姉妹が全員大学を卒業したのは村でも大村家くらいであった。

大村が成人したころ、一度だけ母親から日誌を見せてもらったことがある。そこには、カイコの成長記録が克明に書かれてあった。「某月某日何をした。蚕室の温度は何度で、どんな状態であった。こんな工夫をしてみた……」というように、養蚕の手法や結果が記録風に書かれていることに大村は非常に感銘を受けた。

カイコは気温、湿気などに左右されて成長が遅れたり、卒倒病や軟化病などの特有の病気の発生をみたりする。それらを防ぐための、桑の葉の与え方なども記入してあった。まさに研究成果の記録である。毎年毎年の様子を記述し、昨年、一昨年、と日誌に記入された記録を見ながらその年の作業の予定や仕事の手順を考え、無駄をなくしながら技術を改良していったのだ。そのようにして努力して、いつの間にか人前で講義をするほどになった母親を大村は尊敬していた。母親のそのような生き方を見てきた大村は、研究者になってからは、母親の研究熱心だった取り組みが自身に乗り移ったように感じることがあった。

子どもたちの成長記録も書いてあったであろう母親の日誌に対して、大村は大いに興味を持っていたが、生前の母親はそれを見せたがらなかった。一度だけ覗いてみたことがあった。それは教員時代のもので大村も正確には記憶していないが、最初の頁に「教師たる資格は、自分自身が進歩していることである」といったことが書いてあった。大村はこの言葉を肝に銘じて生きるようになる。

大村が生まれ育った集落には願成寺という県下でもよく知られた名刹がある。源平の戦いの折、富士川の合戦などで武勲をあげ、源頼朝の制覇確立に多大な寄与をした甲斐武田氏の祖・武田信義公の菩提寺である。戦前、寺の財政が困窮したとき願成寺が本尊を売り払おうとしたことがあった。当時、財政に困窮した寺院が本尊を売るということがあちこちで行われていた。しかしそれを知った父親は猛烈な反対キャンペーンを村中で起こし、寺に本尊売り払いを断念させた。父親は村人が古くから守り通してきた仏像を外に出すことに耐えられなかったのである。１９５１年にその仏像は国宝に指定された。それだけ歴史的に価値のある仏像だったのだ。その後父親は、大村が何か栄誉を受けるたび、「阿弥陀さまのおかげだから、お礼参りをしてくる」と嬉しそうに言っていた。

第2章 スポーツに明け暮れた青春時代

農繁期になると学校を休んで農作業の手伝い

1948年1月、大村は国民学校から小学校へと変わった神山村立神山小学校を卒業し、4月には神山村立神山中学校に入学した。この中学校は大村の父親が中心となって統合し、同年7月には韮崎町外一ヶ村中学校組合立韮崎中学校（現、韮崎市立韮崎西中学校）となる。まだ戦後3年目であり、戦争で負けて何もかも失った日本は、まさにがれきの中から復興しようとしている時代だった。2011年3月11日に東日本大震災が起こり、東日本の沿岸地域は大津波の被害を受けて瞬く間に街並ががれきの山となってしまった。その光景をテレビで見ていた人が「ああ、戦争のときの都会もあのようだった」とつぶやいていたが、日本列島の多くの都市は米軍の空襲で廃墟と化していた。

まだ戦後の混乱期であり占領軍の統治下にあったが、1947年4月の総選挙で日本社会党が143議席を獲得して第1党となり、日本社会党委員長の片山哲が首班指名選挙で内閣総理大臣に指名された。日本で初めての社会主義政党による政権だったが、民主党、国民協同党との連立

中学生のころ（1950年）

内閣だったために閣内の意見がまとまらず、しかも連合軍の強い統治下にあって思うように政策が実行できず、間もなく民主党の芦田均内閣となったがそれも1年足らずで倒れ、１９４８年10月からは長期政権となる吉田茂首相が登場する。

　国会はめまぐるしく動いて次々と政権が変わり、戦後復興に取り組み始めた日本の社会もまた混乱の中で大きく動き出していた。労働組合が勢力を増し、各地で労働争議が持ち上がり、世情は騒然としていた。戦前から日本の教育会を根強く支配した教育勅語がこの年の6月19日に廃止と決まり、明治時代から営々と受け継がれてきた、天皇が国家と道徳を確立したことを語り起こし、国民の忠孝心を説く教育勅語は姿を消した。

　大村はそのような世情の中で新制中学に進学し、勉強に取り組むことになる。大村にとって中学時代で忘れられない思い出の一つに恩師との出会いがある。１９５０年、大村が中学１・２年生のときの担任だった鈴木勝枝である。韮崎高校の校長先生の妻でもある鈴木は、大村にはそのすべてが洗練されて見えた。言葉もしぐさも着ているものも都会的だった。

　そのころ大村は、農繁期になると農作業の手伝いで学校へ行けなくなる。農家の子どもたちの多くが農繁期には学校を休むことが通例になっていた。そのころの農業は人手が必要な労働集約作業であり、どこの農家でも田植え、稲刈りなどの農繁期になると人手不足になっていた。あるとき学校を休んで農作業を手伝い、夕方、自宅に戻ってくるとそれを待っていたように鈴木が来たのでびっくりした。学校から3キロほど離れた自宅まで先生が訪問するのは、何かあるからではないか。当時の道路は舗装もされていないほこりのたつ道路である。今のように車で来るという時代ではない。鈴木の姿を認めると両親もびっくりし恐縮して挨拶している。

大村は先生の突然の訪問に嬉しい気持ちもあり、多少照れ笑いを作りながら先生の前でかしこまっている。鈴木はいつものように優雅な物腰で大村にこう話しかけた。

「大村君、お手伝いはちゃんとできたの。家が忙しいときはどこでも大変だから、しっかりお手伝いするのよ。学校にきたときは、今度はしっかり勉強するのよ。大村君はいずれ村長になる人だからね。きちんとして字も書けないといけません。もっと国語の勉強をしなければだめね」

大村はうなずきながら素直に聴いている。ふと両親をみると緊張している様子が分かり、大村はにわかに先生の言葉の重みを知り、気持ちが引き締まっていくように感じた。

鈴木の自宅訪問は、農繁期で学校を休むと必ず行われるようになった。時には作業をしている田んぼまで来てくれる。いつしか大村は、休んだときには先生の訪問を待つようになり、先生もまたそれにこたえるように大村を訪ねてきた。成長して社会人になった大村の心には、そのころの光景が深く刻まれていたのか折に触れて懐かしく思い出すようになる。

だから大村は、卒業後も鈴木が亡くなるまで交流を続けた。研究者となって留学や学会などで外国に行けば、その度に手紙を出すことを欠かさなかった。それがたとえ年に何回だろうと必ず手紙を出した。鈴木が老齢になって体力も記憶も衰え、入院生活をしていたころ大村の同級生が見舞いに行った。すると鈴木は「あの子は誰だっけね、ほら、外国から手紙をくれるあの子は誰だっけね……」としきりに大村のことを思い出そうとしていたという。見舞いに行った同級生からその話を聞いた大村は、在りし日の鈴木の洗練されたしぐさや物腰を思い浮かべ胸が熱くなっていくのを感じた。

スポーツに明け暮れた中学・高校時代

中学時代の大村は、サッカーや野球などを楽しむスポーツ少年であった。初恋もこのころに人並みにしたようだ。大村が秘かに思っていた彼女に「阿修羅」の写真を贈ったこともある。阿修羅は正義を司る神、仏教の守護神ともいわれ、奈良の興福寺国宝館には阿修羅像がある。手が6本出ている仏像である。大村は幼いころからお絵かきをよくしていたので、絵画には興味を持っていた。母親はそのころ高価だった絵の具を買い与えて絵を描くことを勧めた。後年、大村が絵画の収集家になるのもそのように幼いころからの教育によるものだったのだろう。

大村が女性に贈った阿修羅像は、興福寺のものの写真であったかどうか記憶にないが、大村は今でもそれを「我ながら素晴らしいプレゼントだった」と思っている。しかし美術を愛する大村だからこそ美の価値は分かっていたかもしれないが、阿修羅をもらった女性はびっくりしたかもしれない。初恋は不発に終わってしまった。

大村は上に姉1人、下に弟2人と妹の5人きょうだいの長男である。だから将来は家の農業を継いでこの地で生きていくものと思っていた。両親もそのように考えているので、大村を跡継ぎとして扱い、何かと責任ある仕事や手伝いをさせるようになっていた。中学時代の大村は特に勉強に打ち込むということもなく、スポーツに明け暮れる少年であり高校進学はごく自然に地元の韮崎の高校へ行くものと考えていた。

地元の県立韮崎高校に進学

１９５１年3月、大村は韮崎町外一ヶ村中学校組合立韮崎中学校を卒業し、4月から山梨県立韮崎高等学校に進学した。高校受験の勉強で苦労したこともなく、ごく自然に地元の学校に進学したのである。

県立韮崎高校は、１９２２年（大正11年）に県立韮崎中学校として設置された学校で、翌年4月から仮校舎で開校、１９２４年に現在の韮崎市神名に校舎を竣工した。その後、韮崎実科高等女学校と改称され、戦後は県立韮崎高等女学校となった。１９５０年からは高校の再編により山梨県立韮崎第一高校および県立第二高校を統合し、山梨県立韮崎高校と改称された。大村が進学したのは、新しく生まれ変わった開校間もない時期であり、その年に校歌と校章も制定されている。

大村は入学後すぐにサッカー部に入った。韮崎高校サッカー部は県内でもよく知られた強豪であり、そこで活躍してみようと思ったからである。校庭に出てサッカーの練習を始めてみると、その地は八ヶ岳おろしをもろに受ける校庭であることに気が付いた。八ヶ岳おろしとは、日本が西高東低の気圧配置に囲まれたとき八ヶ岳の南麓で吹く強く冷たい北風のことである。その強風が川原から運んでくるのか米粒どころか大豆のような石が飛んでくるのである。大村は両親から入学祝いに買ってもらったサッカーシューズを履き、夢中でボールを追いかけるようになる。

ところがそれを知った祖母は「サッカーはやめてくれ」と言う。祖母が言うには、韮崎中学でサッカー選手となりゴールキーパーとして全国優勝までした甥が結核で亡くなったので縁起が悪いという。祖母は大村がサッカーをやると甥と同じような運命になると思い込んでいた。あまりに真剣に言うので、大村はほどなくサッカーを断念してしまった。

そこで大村は卓球を始めた。当時の日本は卓球が大流行であり、卓球選手が国際大会の舞台で活躍をはじめ黄金時代を迎えようとしていた。卓球は台とラケットとピンポンボールがあれば簡単にできる。そのころ日本中、どこの家にも「張り板」という大人の背の丈以上の長い板があった。着物や布団布などの大きな布を洗ってのり付けしたものを張り板に貼り付けて乾かすのである。この板を滑り台にして遊んだり、ミカン箱を並べた上に2つの張り板を並べると急ごしらえの卓球台になる。子どもたちはそこでピンポンをして遊ぶ。ラケットはないので、学校で使う下敷きをラケット代わりにするのである。

日本には荻村伊智朗、田中利明などの名選手が出てきて、1954年には世界選手権で男子団体、男子シングルスで金メダルに輝き日本中を沸かせるようになる。廃墟となった敗戦に打ちひしがれていた日本が、国際舞台で大活躍するスポーツ選手の姿に大いに勇気づけられた。そんな時代を迎えて卓球は人気のあるスポーツであり、当時、女性ができるスポーツといえば卓球くらいしかなかったこともあって女子部員が多いという特徴もあった。小学生時代もそうだったが、ここでもまた大村は女性に囲まれて過ごすことになる。小学生時代に女性優位の教室で育ったせいか、大村は女性と接するのがなんとなく苦手に感じるようになっていたと言う。

しかし何でも打ち込む性格の大村は、生来の負けん気も加わって卓球の腕を日増しにあげ、たちまち女子部員たちを指導する立場になっていた。大村は人をそらさない人柄であり、もともとは誰とでも友好的に付き合うことができる性格を備えている。3年生になると卓球部の部長として部員を束ねる立場になり、何かと難しい年ごろになっている女子部員の面倒を見ながら、卓球も教えなければならない。高校時代の同級生が集まると仲間たちは「お前はいつも女の子に囲まれていた。モテたよなあ」と冷やかされる。大村には女子にモテたという気持ちはないが、外から見るとモテていたように見えたのだろう。

卓球だけでなく高校2年からはスキーも始めた。当時、多くのスキー部員は、卓球部と兼部していた。卓球でのバランスをとった機敏な横の動きは、スキーのバランス感覚とも似ている。卓球とスキーをすることは、両方の動きを習得するのに効果的だったのである。

スキー部では長距離のクロスカントリーを選んだ。山梨県の中学校や高校はスケートが盛んであり、全国的にも上位にランクされているが、スキーは長野、新潟県勢に圧倒されていた。スキーの教本を読んだり、先輩に熱心に訊いてはスキーに打ち込むようになる。ついには学校のスキー部だけでは物足らなくなり韮崎スキークラブにも入会する。そこでまた新たな人に出会う。山梨県スキー連盟役員である山寺巌氏との出会いである。山寺氏らとは冬になるとスキー板を担い

韮崎高等学校時代、スキー大会に出場。写真の左端（1954年）

で甘利山頂上まで約4時間の山道を登り、そこから一気に滑降したりクロスカントリーのトレーニングをすることになる。高校2年の冬、1953年2月1日、県主催の第7回山梨県スキー選手権大会長距離高校生の部で、大村は3位に入賞した。日ごろの苦しいトレーニングの結果が出たわけだが、それからはスキーに打ち込む時間が多くなる。勉強はほとんどしなかった。

このころのことを聞くと、大村は驚くほどに「腹が空いた」と笑う。大村の高校時代は戦後の復興から高度経済成長期へと入っていく直前にあたるころであり、食糧事情も少しずつよくなってきた時代であった。大村は毎日、弁当を2つ作ってもらうことにした。「早弁」をするためである。午前の授業時間の合間に1つ目の弁当を食べ、もう1つを昼食時に食べた。教師が、昼食の弁当を食べてしまう生徒がいないかどうかを調べに来るが、大村は何食わぬ顔して昼食用のぎっしり詰まった弁当箱を見せることで切り抜けていた。それもこれも大村の家は大きな農家であり、食べるものに不自由しなかったからできたことだった。

お昼を挟んで2つの弁当を食べても、卓球などのクラブ活動をすると下校時にはもう腹が空いていた。高校がある韮崎の町から、大村が住む村までは約2キロの距離である。それも、自転車をこいで坂道を登らなければならなかった。そこで町外れのパン屋に寄り、まずは腹を満たした。そのパン屋には、家の米櫃から袋に入れて運びこんだ米が預けられていた。その米と引き換えに毎日、パンを2、3個選んでほおばることができたのである。エネルギーを補給してから自転車をこいで坂道を登って家に帰る。米が間に合わず前借りのパンを食べ、翌日に米を届けたこともあった。まだまだ米が貴重な時代であった。

スポーツに夢中になる一方で、家ではあいかわらず農作業を手伝っていた。父親は農作業を免除するようなことは言わなかったが、子どもたちがなにかやりたいと思うことには反対せずにやらせてくれた。それが大村家の教育方針であった。

高校時代の大村は中学時代にも増してスポーツに明け暮れ、ちょっとした悪戯もする一般的な高校生だった。学校の競歩遠足のときには、仲間と一緒にリンゴ畑を荒らした。しかしその後でリンゴ農家の人たちに親切に接してもらい悪いことをしたと悔やんだこともあった。

高校には悪い連中も少なからずいた。金銭をせびられることもあったが、大村は断じて受け付けなかった。教室や田んぼの中で、よく喧嘩になったが負けん気の強い大村は受けて立った。決して負けなかった。勉強はしないのでできる方ではなかった。大村は高校を卒業したら家を継いで農家の跡取りになるのだろうと漠然と考えていたし、両親はじめ周囲もそのような雰囲気だった。

父親の一言で大学進学を決意

1953年4月、高校3年に進級した大村に一つの転機が訪れる。高校3年の5月、大村は虫垂炎になって手術をした。そのため、学校を休み退院後もしばらく家で静養していた。大村は朝から本ばかり読んでいた。周囲にある本を手当たり次第読んでいった。あるとき本を読んでいる大村のそばで父親が声をかけた。

「何もしないでいても仕方ないから、大学へ行く勉強でもしたらどうだ。勉強する気があるなら、大学へ行かせてやるぞ」

最初、大村は父親の言っていることが自分のことなのかどうかよくのみこめなかった。大学進学など頭から考えていなかったからだ。勉強もしないでスポーツに夢中になっていたのは、いずれは農家の跡継ぎだろうと漠然と考えていたからだ。

しかし大村は父親のその言葉を聞いてしばらくすると、心の中に一筋の水脈が引かれていくように感じた。長男である大村に家を継がせ一緒に暮らすことが両親の希望であることに、変わりはないだろう。しかしもしかしたら、大学を出ながら家も継いでほしいと思っているのかもしれない。大村の父親は戦後の復興期からようやく脱出した日本が、経済状況もよくなりこれからは、世の中が変わっていくと感じていたのかもしれない。

大村は父親の言葉から受験勉強に取り組むことになった。しかしその時点でどんな大学があるかさえ知らず、復学して間もないときに配布された進路調査では、何と記入すればいいのか見当もつかなかった。そこで喧嘩ばかりしていながら仲の良かったクラスメートに相談した。すると彼は、「おれは山梨大学を受けて、だめだったら青山学院を受けるんだ」と言った。信じられないことだが、大村はこのとき初めて山梨大学の存在を知った。その友人は山梨大学は甲府市にあると教えてくれた。大村は甲府であれば列車でなんとか家から通えると考え、進路調査票に「山梨大学」と書いた。

それから大村の猛勉強が始まった。受験雑誌を手に、１日数時間しか眠らないほどである。虫垂炎の手術からしばらくたってからはスポーツも再開した。今度は勉強もスポーツも両方に打ち込む。何事にも集中する大村の性格である。学校から帰ってくると夜遅くまで勉強している。日曜日にも勉強机から離れない。ついには母親が心配し始めた。息子は精神に異常をきたしたのではないかというのだ。ある日母親は、嫌がる大村をせかせて病院の精神科へと連れていった。精神科と聞いて大村も一抹の不安がよぎったが、病院の待合室で見ているうちその不安はなくっていた。診察を待っている多くの患者を見ていると「あきらかに自分とは違う」と分析したのである。そして「それに気づくということは、自分は大丈夫ということだ」と考えたのだ。現象を観察して分析し、結果を導き出す科学者の眼はすでにそのころから芽生えていた。

大村は何かに夢中になりだすと、余人には理解できないほどの集中力を発揮する。これは後の研究生活において大村を支える特質の一つになった。精神に異常はなかったもののその後無理な勉強をして体調を崩したことは何度かあり、そのころから始まった耳鳴りは今もなお時たま思い出したように出てくるという。

1954年2月、高校生最後のシーズンで大村はスキーの県大会で優勝した。県大会、県インターハイ（全国高等学校総合体育大会冬季大会県大会）とも、クロスカントリーの10キロと一般の部で優勝を果たすのである。その直後に大学入試があった。大村は大学受験するクラスメートたちの動向を見て、山梨大学学芸学部自然科学科（現、教育人間科学部）を受験することにした。教師に言うと「君は体育学科がいいのではないか」と言う。スキー競技の実績から、体育で受ければ確実だろうと思われていたからだ。

特に担任の先生からは、「おまえはスポーツが何でも得意だから、将来は体育の先生になるのがいいのではないか。東京教育大学（現、筑波大学）を受けてみてはどうか」と助言された。しかし大村は、体育の教師にはあまり魅力を感じていなかった。どうせ受けるなら理学部で受けてみよう。大学受験は山梨大学学芸学部と東京教育大学理学部にした。自分ではこのどちらも合格は難しいのではないかと思っていた。結果は山梨大に合格して東京教育大は不合格となった。

後日、担任の教師に報告に行くと「なぜ、東京教育大の体育学部を受けなかったのだ。理学部では無理だ」とやや厳しい口調で叱られたという。ところが大村の人生は、いつもここぞというときに天が大村の味方をする。それはこの山梨大学合格に始まっていると言ってもいい。大村はそれを「危ないときに何となく神様が力を添えてくださって、川の向こう岸にポンと橋渡ししてくれるようなことがある」と表現している。大学受験でもこの不思議な力のおかげで、難しいと思っていた山梨大学合格を果たしたのだった。両親に合格を報告すると「受かったのか」と言って喜んでくれたが、自宅から通学できることを２人とも何より喜んでいた。

再びスキーに没頭した大学時代

１９５４年４月、大村は山梨大学の学芸学部自然科学科へ入学した。当時の山梨大学にはマイスター制度というものがあり、入学と同時に担当の教授が決まった。学生の数が少なく、先生の人数の方が多いのではと思われるくらいの恵まれた環境だった。マイスター制度とは、見習い工が師匠に技の伝達を請うように学生がマイスター役の大学教師に個人的な教えを請う制度である。大村は油脂有機化学で知られていた丸田銓二朗教授に師事することにした。

山梨大学の学生時代、当時売り出されたばかりのナイロンのワイシャツを着て（1956年）

マイスター制度は見習い工である学生が、教授の部屋に自由な出入りを許される。そこにいる先輩学生や教授の助手らに面倒をみてもらうことができる。大村は先輩たちに何くれとなく教えてもらいながらさまざまな研究をした。丸田教授の下で大村は脂肪化学を学びクロマトグラフィーなどによる脂肪酸の定量法を覚えた。ここで大村は脂肪酸のことを一通り勉強できたが、それ

山梨大学学芸学部自然科学科の学生時代、スキー帰りに化学実験室で昼食をとる（1958年）

は後々非常に役立った。

クロマトグラフィーとは、ロシアの植物学者が発明した方法で、物質を分離したり精製する技法である。物質の大きさ、吸着力、電荷、質量、疎水性などの違いを利用しながら物質を分離するものだ。大村が学生時代に学んだのは主としてペーパークロマトグラフィーや薄層クロマトグラフィーである。ペーパークロマトグラフィーは、ろ紙を用いて行う比較的簡単な方法であり薄層クロマトグラフィーはガラスの板の上にアルミニウムの酸化物（アルミナ）樹脂などを薄く張ったもので、主に、反応の進行状況を迅速に確認したり物質の分離の条件の検討や分離の確認に用いられる。

大村は手先が器用なので、実験ではなんでもうまくこなすことができた。もちろん器用さだけで実験をするわけではないが、薄層クロマトグラフィーなどを綺麗にできるのは、学生では大村くらいしかいなかった。この器用さは後々の大村の研究を大いに助けるものとなるが、それは山梨大学の学生時代の実験で磨いていったことでもあった。

大学時代も高校時代に引き続いて大村はスキーに熱中した。自宅のある韮崎市から山梨大学までは約15キロある。汽車で通学しているのだが、大村はスキーシーズンが近づく秋以降はトレーニングのために自宅から大学まで走って通うこともあった。4年生に進級してからは、同じ山梨大学に汽車通学する弟に自分のカバンを持たせ、大村は汽車に乗らないで走って通学した。

大学の帰りは汽車に乗ったが、それは登り坂になるのできつくなることや甲府で家庭教師のアルバイトをやっていたので帰りが遅くなったためだった。アルバイト代はすべてスキーに使ってしまった。帰りの暗い汽車の中では、本を読んだり宿題や試験の勉強をしたりした。大村は眼がよくない。これは暗い汽車の中で無理やり勉強したためではないかと語っている。

大学にはスキー部がなかったが、高校からひきつづき韮崎のスキークラブに所属していた。大学1年生の冬、大村は以前にも増してスキーにのめり込むことになった。「伝説のスキーヤー」とか「スキーの天皇」と周囲から言われていた横山隆策のもとへ入門したからだ。横山は日本スキー連盟の役員の肩書などはなかったが、妙高にスキーのための山小屋を建設し、自分でスキーの研究をするかたわら大学生たちを集めて指導するようになる。日本のスキー界を動かす実力者となった。横山本人はアクロバットスキーヤーとして知られることもあったが、競技スキーでは特に目立った実績はなかった。しかし自分の娘2人と息子1人の全員を全日本の大会で優勝させ、

大学時代、スキー大会に出場して1年間で獲得したトロフィーと賞牌を前にして(1957年)

全日本の優勝メダルを二十数個獲得という驚くべき実績を残していた先生だった。

この師のもと、大村は厳しいトレーニングに励んだ。大村のスキーの実力は、地元の大会や県大会では優勝するほどだった。山梨県の選手権大会では高校3年から5年連続で優勝した。国体も大学2年の青森大会、3年の兵庫大会と2回出場した。他の年度も出場資格はあったが、就職試験などとぶつかったために欠場した。山梨県は前述のようにスケートのレベルは高かったが、雪があまり降らないのでスキーはそれほど強くはなかった。だから大村自身は国体には出場しても結果はビリに近く、オリンピック出場を目指すなどは遠い夢であった。しかし横山隆策の門下生の中からは、続々と有名な選手が育っていった。約35人の仲間のうち約10人はオリンピックへ出場を果たしたのだからやはりすごい先生だった。

大村にとって忘れられない横山の言葉がある。厳しいトレーニング中に発せられた言葉だ。

「鼻水を拭くその手を持っていく力があるなら、なぜもう一歩早く前へ出ないか」

雪山の中を行くクロスカントリーの長距離スキーでは、その寒さに自然と鼻水が出てくる。しかし、その鼻水を拭くと怒られ、厳しい言葉が飛んできた。この言葉は大村が研究生活に入ってからも、目的に向かって進むときの気構えとなっている。

そして大村は横山のもとで多くの日本のトップクラスの選手とトレーニングをともにすることで、高いレベルの環境下に身を置くことの重要性を知った。苦しいときにこそ、一歩前へ出るという気力で取り組む厳しいトレーニングが必要だ。その積み重ねが選手を強くし、一つひとつの大会を勝ち進む実力が培われて有名な選手となっていく。その過程を身近で見たり厳しいトレーニングを体験する過程で肌で感じた。

また、「人真似ではその人のレベル止まり」ということも学んだ。当初、スキーの長距離では北海道がトップだった。だから大会へ行く度に、北海道の選手に技術を教えてもらった。その教えを守ってトレーニングに励んだ。しかし横山は、勝つためには人から教えてもらったことをやるのではなく、自分たちで技術を研究することが大事だと教えた。だから実際に自分たちの手で技術を研究していった。それこそが横山の門下生たちを強くし、北海道の選手にも勝つ実力をつけさせるもとになったのだった。大村はその様を身近に見て肌で感じ取っていった。横山の指導を受けたことで大村は「いくら有名な偉い人に教わっても真似だけではだめだ。独創性が大切である」ということを学んだのだった。スキーを通じて学んだことは、その後の大村の研究への熱意と取り組み方にも大きく影響を及ぼすことになった。

多くの師と出会い薫陶を受ける

大村の卒業論文は、マイスター制度の師匠であり教授の丸田銓二朗に師事して書いた。中学3年生のときの担任、鈴木勝枝がなにかと大村を気にかけてくれたように、大村の人生を振り返ってみると節目には必ず目をかけてくれる人が出てくる。丸田銓二朗も大村をよくかわいがった。丸田が奥さんから家の掃除をいいつかると、大村にお呼びがかかりそのたびに大村は先生の家へ出向いて掃除を手伝った。掃除と言っても段取りがよくないと効率が悪い。そのような仕事は、大村が農作業で培った段取りの経験を生かすことでうまくいった。力仕事や単純作業は段取りであることを大村はよく知っていた。

また大村は学生時代、地学の教授で山梨地学会会長をしていた田中元之進にもたいへん見込まれた。大村の研究テーマは化学であり、地学とはあまり関係はなかったが、田中には地層や地質の調査の助手代わりに請われて現場に連れていかれた。田中に何度も同行しては岩を登り、下にいる田中の指示を受けながら土壌や岩石の採取を手伝った。その田中からは、地質学のみならず人生哲学も学んだ。田中は現地調査をしているときにこんなことを言った。

「大村君、大学時代の勉強などあまりあてにならん。社会に出てから5年間が勝負だよ。5年間を頑張れば、たとえ学生時代にどんなにいい勉強をしたとしても、それよりももっといい勉強ができるんだよ」

大村には、大学で得た知識など社会ではあまり役に立たないということは分かったが、まだ実感としてはつかみきれなかった。社会に出れば勉強することは山ほどあり、社会での活動こそがその人の価値を決めると先生は言っているのではないかと思った。

大村の充実した大学生活もあっという間に過ぎてしまい、4年生になってすぐに就職のことが気になりだした。所属する学芸学部自然科学科は物理、化学、生物、地学など理学系の教員を養成する学科である。就職先は入学したときから中学、高校の理科の教員になることは決まっていたようなものだが、いざ教員になるとなればまた改めて考え直さなければならない。大村の専攻からすれば物理か化学の教員を目指すことになるので、地方自治体の教員採用試験をパスしなければならない。

大村の生家の両親たちは、大村が山梨県内の教員それも韮崎から通勤できるような都市で教壇に立つことを望んでいた。両親とも口には出して言わなかったが、雰囲気で大村には分かっていた。農業の後を継がなくても仕方ないという思いはあったようだが、教員のかたわら小規模な農業はできる。いわゆる兼業農家である。そのような考えが日本の農村地帯ではどこでも受け入れられるようになっていた。

大村が教員採用試験を受けたのは北海道、神奈川、山梨、東京の4つの都道府県であった。当時、教員の採用試験は難しかったが、大村にはなんとなく気分的に余裕があった。北海道を選んだのは、好きなスキーができるからという単純な動機からであり、神奈川県は親戚があったからである。結果は一番期待していた山梨県の理科の教員の採用試験が実施されずに空振りとなり、倍率が高く難関と思っていた東京都から高校教員の採用決定の通知が来る。大村は意外だった。

採用決定後、東京都から赴任先として連絡が来たのは離島の三宅島の都立三宅高校だった。連絡を受けた大村は考え込んだ。三宅島はあまりに遠い。山梨県の採用試験では体育の教員として採用の連絡を受けていた。県内の学校で体育の教員をするという道もあるし、赴任先によっては韮崎から通勤できるかもしれない。三宅島では実家のある韮崎に帰るには遠すぎる。

ところがほどなく東京都は、大村の考えを見透かしたかのように東京都立墨田工業高等学校の理科教師はどうかと打診してきた。同高校には昼間と夜間があるがそのどちらがよいか選択することができるという条件だった。大村は夜の方が拘束時間が短いので自分の時間が持てると考え、夜間の教師になることを選択した。この選択は大村の人生を変えた。夜間の教員になることで大村は自由になる時間を増やし、生き方を自ら変えていったのである。

懸案になっていた就職先も決まり卒業式が近づいたある日、地質調査を手伝った田中元之進からお呼びがかかった。学長の安達禎に会わせてくれると言う。安達は戦後の新制山梨大学の初代学長である。何かの行事のときなど遠くから見ることはあるが学長に直々に会うようなことはない。一体、何事だろうかといぶかしく思いながらも田中に連れられて学長室に行った。田中は安達にこう言った。

「これが大村智です。先生よろしく」

安達は、おおそうかという顔をして大村へ名刺を渡して言った。

「大村君、東京に出たら一度、家に遊びに来なさい」

家と言ったのは、東京都大田区池上にある自宅のことであり安達はそこに居を構えることになっていた。そのとき安達は間もなく定年を迎え、退官後は東京の池上に移ることになっていたの

山梨大学の卒業式。写真の左端（1958年）

だ。その同時期に大村も東京の都立墨田工業高校教師として就職することが決まっていた。田中は2人のことを知っていたので、雑用でもなんでもこなしてしまう役に立つ大村を学長に引き合わせ、東京でも彼を何かと使ってもらいたいと思ったのである。大村を気に入っていた田中の親心でもあった。

大村は都立高の教師となって上京するが、教師になりたてのころにはよく安達の自宅を訪ねて歓談した。安達はいつも大村に波乱に満ちた自身の体験から得た数々の人生訓を与える。大村はその言葉に感銘を受け、安達の人生訓はその後の社会活動に大きな影響を与えていく。山梨大学での人との出会いと恵まれた師匠との交流を体験した大村は、１９５８年3月、大学を卒業して実社会へと旅立っていった。

第3章 ● 高校教師から研究者に転身

都立高の夜間の教師で社会人のスタート

山梨県の韮崎を離れ東京住まいとなった22歳の大村は、東京都港区の叔母の家に下宿し、次いで埼玉県浦和市（現、さいたま市）の親戚の家に下宿して通勤することになった。正式に辞令をもらい社会人として第一歩を踏み出したのは1958年（昭和33年）4月1日のことである。この年の2年前の1956年、経済企画庁は経済白書「日本経済の成長と近代化」の結びの部分で「もはや戦後ではない」と記述し、戦後の廃墟から這い上がってきた日本人に1つの区切りを宣言した。この言葉は流行語となった。

すでに55年から経済水準を示す指標である1人当たりの実質国民総生産（GNP）が戦前の水準を超え、神武景気が幕開けして高度経済成長が始まっていた。家電などの耐久消費財ブームが起きており、庶民の三種の神器とは冷蔵庫・洗濯機・白黒テレビであり、庶民は競ってこれらの電化製品を購入していた。大村が高校に赴任した4月1日から売春防止法が施行されて戦後の混乱期に別れを告げ、4月5日には後楽園球場でのプロ野球開幕戦で巨人の長嶋茂雄が国鉄（現、ヤクルトスワローズ）の金田正一に4三振を喫するほろ苦いデビューをして日本国中の話題になった。

大村は都立墨田工業高校の夜間部の教員だから勤務は夕方からになる。昼間に自分の時間を作りたくて夜間部の教員を選んだのだから、何かをしなければならない。大村は何をやるという確たる目的があったわけではないが、漫然と過ごすことには抵抗があった。

高校の教師になってみると毎日が初めて体験することばかりだから忙しい。昼間は自由に自分の時間が持てると思っていたが、それほど余裕があるわけではない。化学と物理の授業を担当しているので授業の準備をしなければならない。学校で正規の科目を生徒に教えることは初めてだから緊張感があった。家庭教師のバイトなどで人に教えることはそれなりに体験してきたが、それとは別の気構えが必要だった。

そのころ墨田工業高校の夜間部では、体育の教師の数が不足していた。赴任することが決まったとき伏見三郎校長から「君は体育の教員免許状も持っているね。是非とも夜間部で体育の授業もやってもらえないか。物理、化学のうえに体育も加わって大変だが教員不足だから協力してもらえないか」と言われた。大村は二つ返事で引き受けた。もともとスポーツは大好きだし、スキーと卓球にはそれなりの自信がある。山梨から出てきた口下手の田舎者と思っていたので、授業で講義するときは緊張した。つい山梨弁がでることがあるが、どうも陰で笑われているように感じる。それに比べ体を動かして生徒と一緒にやる体育の授業は楽しい。

さらに大村にはやりがいのある活動が加わった。卓球部の顧問になったのである。韮崎高校で

昼は東京理科大学大学院理学研究科で研究をし、夜は墨田工業高等学校で教師をしていたころ、卓球部が東京都立高校の大会で準優勝したときの写真（1962年）

は卓球部でかなり腕を磨いたので、相手さえうまければ見ている人が驚くようなラリーの応酬ができる。しかし墨田工業高校の生徒を相手にしても大村にかなう者はいない。部員たちはさほど年齢が違わない大村を教師というよりも先輩という感じで接してくる。大村も生徒と気軽に接し、指導しながら部員に東京都の大会で優勝しようという目標を持たせた。

「おれに勝てるやつが３人いれば、東京都の大会で優勝間違いなしだぞ」

こんなはっぱをかけながら毎日、練習に打ち込んでいると若い生徒たちは驚くように腕があがってくる。大村もその上達ぶりに面白くなってきた。練習試合をすると大村と五分に勝負できる生徒も出てきた。その年の東京都の高校卓球大会では、墨田工業高校はあれよあれよという間に勝ちあがり、決勝戦まで駒を進めて準優勝するという快挙をやってのける。これには大村自身もびっくりしたが、指導ひとつで若い生徒が化けていく過程を現実に見て、その後の大村の人生でもこの一事は大きな意味を持つようになる。

教師生活が順調に滑り出し、東京での活動にも余裕が出てきたころから大村はよく、山梨大学学長だった安達禎の自宅を訪ねるようになる。大村を可愛がった地学の教授、田中元之進が卒業間際にわざわざ学長室で紹介してくれた大物学長である。安達は山梨大学に来る前は、中国満州の旅順工科大学の学長をしていた。旅順工科大学は、1922年（大正11年）に関東州旅順（現、中国遼寧省大連市旅順口区）に設立された官立の旧制大学である。旅順工科大学、東京工業大学、大阪工業大学が旧三工大と言われた。大阪工大はその後、大阪帝国大学に併合され大阪帝大工学部として生まれ変わる。

安達は旅順工科大の学長になる前は浜松高等工業学校（現、静岡大学工学部）の校長をしていた。1941年4月に旅順工科大の第3代学長として赴任し終戦後の1945年9月まで務めた。旅順工科大には機械工学、電気工学、冶金学、採鉱学の各学科があり、終戦間際に物理と化学科も増設された。

大村が安達宅に行くと安達夫妻はいつも歓迎してくれた。酔えばいつも文部省の官僚として度量衡法を改定した大仕事の話と終戦後に旅順工科大から引き揚げてくるときの話になる。度量衡法とは、日本が昔から使っていた長さと重さの単位である尺貫法を改め国際的に通用するグラム、メートルの基準に変えるものである。安達は国粋主義者や一部の業者らの根強い反対の声を排除しながら改正へ貢献する。

安達は、旅順工科大が1945年9月に旧ソ連に接収されたときには最後まで大学に残り、歴代の卒業名簿だけを腹に巻いて日本へ持ち帰った。まさに裸一貫の引き揚げであった。その話は何度も聞かされ、聞くたびに感動するのである。大村の叔母の夫は旅順工科大の卒業生であり、その名簿があったので卒業を証明できたと喜んでいた。そんなこともあって大村は安達にますます親近感を持ち、また安達の生き方や教師として評判が良かったという叔父の話などから尊敬の念を持って足しげく安達宅に通うようになる。

安達は、ときたま大村の仕事上の悩みなどを聞くと「何事も正々堂々と、ことにあたらなければならない。こそこそするようなことはするな」という言葉を繰り返した。その言葉と言い方には、旧満州の開拓民の子どもらを相手に教師として先頭に立って取り組んだ実績と、戦後の混乱の中で名簿を腹に巻いて命がけで引き揚げてきた男の凄みがにじんでいた。大村はその気迫に接するだけでも鼓舞されるようになる。

安達は晩年、重い病気にかかり広尾病院に入院して輸血が必要になった。安達夫人からの急報を聞いた大村は、血液型が同じO型だったので献血し、O型の友人知人にも呼びかけて献血者になってもらった。しかし安達はそのかいもなく間もなく亡くなった。大村は「あの献血がせめてもの恩返しだった」と述懐する。山梨大学卒業間際から始まった安達との交流は、こうして大村に多くの人生訓を残して終焉した。

生徒の勉強姿を見て学び直しを決意

教師生活も板についてきたころ、学期末の試験の時期になった。物理と化学の試験問題を出すのだが、夜間の高校生だから進学校のような難しい試験ではない。ごく基礎的な問題を解かせる内容になるが、生徒にとってはそれなりに難しい。試験の問題用紙を配布すると、生徒たちは一斉に問題に取り組み始める。その真剣な姿を見ていると自分の責任の重さを感じないわけにはいかない。

あるとき問題用紙を配布し、生徒が一生懸命に問題に取り組んでいる教室を巡回していた。ふと眼にしたのは、鉛筆を握っている手の指に油がこびりついている生徒である。改めて生徒らの姿を観察してみると、昼の生徒とは明らかに違う服装をしている。いかにも生活感があり労働者の臭いを感じる。洋服の所どころに油をにじませている生徒もいる。汗が立ちのぼるような汚れた服装で来ている生徒もいる。昼間は働き夜に勉学のために登校してくる。大村は改めてこの生徒らの姿に感動した。そして自分の高校生時代の生活を思い出していた。

裕福な農家の長男として物質的にも精神的にも何不自由なく過ごした高校時代、大村は勉強などしないでスキーや卓球に明け暮れていた。勉強したのは高3の2学期からだから高校時代の大半は青春を謳歌したことになる。大学時代もそんなに勉強に打ち込んだわけではない。振り返ってみれば、高校も大学もろくに勉強しないで遊んでいたような気がする。

それに比べ墨田工業高の夜間に通学してくる生徒たちは、昼間働き夜はこうして必死に勉強に取り組んでいる。大村はそのとき、自分はもっと何かをしなければ済まないという気持ちになった。もともと夜間の高校の教師を選択したのは、昼間は自分の時間を持てるので何かやってみたいと思ったからである。職員室の同僚の教師の中にも、大学の研究生になって勉強している人がいる。大村はそのとき胸の奥から湧き上がるようなエネルギーを感じた。自分も学び直そう。それまでなんとなく心の中でくすぶっていた勉強に対する憧憬が、確たる決断となって大村の心の中でにわかに燃え上がった。

大村の行動は早かった。学び直すには大学時代に実験や研究に取り組んだ化学である。分析化学の初歩的なことは手掛けたがもっと深く研究の領域に入り込んでみたい。そのためには外国の文献も読まなければならないし、ドイツ語が中途半端になっているのでこれをマスターしなければならない。お茶の水の湯島の大聖堂でドイツ語の塾が開かれている。紅露文平というドイツ語の教師が熱心に教えているので、そこへ通いだした。社会人１年生として大村は、自身も学び直しの第一歩を踏み出した。

熱心に通ったのでドイツ語も少しは身に付いてきた。大村は、住まいの浦和、夜間高校の錦糸町、ドイツ語塾のお茶の水と三角地点を回るような生活になった。給料はたかが知れている。給料をもらうとまず、この三角地点を回る国電（現、ＪＲ）の定期券を買った。それから当時、おいしいので人気のあった即席ラーメンを１箱買い込んだ。これだけあれば１カ月の食料は何とかしのげる。のちになって大村は、東大に進学した２番目の弟の学費の面倒も見ることになる。実家の父親が、長兄の大村に「東京に出た弟の面倒をみろ」と冗談半分に語ったのだろうが、大村は律儀に面倒をみることになる。バイトで私立校の時間講師をやらないかと声がかかり、生活費の足しに二つ返事で引き受けた。

　ドイツ語の講義が終わったあるとき、塾長の紅露文平が大村に声をかけてきた。塾長に付いていくと神田の有名なウナギ屋に連れ込まれた。貧乏生活だった大村にとっては大変なご馳走である。紅露はウナギを食べ終わった頃合いを見計らって切り出した。

「大村君、君は熱心にドイツ語を勉強している。感心していつも見ているんだが、どうかね、このドイツ語塾をやってみないか」

　最初、大村には意味が分からなかった。よくよく聞いてみるとドイツ語塾の経営をしてほしいという話である。紅露はそろそろ歳だから引退し、その後釜として大村に託したいという話だ。大村は恐縮しながら丁重に固辞した。大村はドイツ語を習得した後は、化学の研究者になりたいというほのかな憧れが心の中で芽生え始めていた。

　社会人2年生になった1959年の春、韮崎の実家に帰ったとき、帰りがけに山梨大学時代のマイスター師匠である丸田銓二朗を訪ねた。近況を報告しながら学び直しの決意を伝え、できたらどこか大学の研究室で頑張ってみたいという気持ちを伝えた。丸田は大村の勤務先のことを考え、『食品の化学実験』などの著書もある学者仲間の東京教育大教授の小原哲二郎を紹介する。大村はすぐに小原を訪ねて紹介状をもらい、同大理学部化学科長、杉山登に会って許可を得て講義を聴講することになる。さらにそこで天然物有機化学の専門家として頭角を現してきた中西香爾に出会う。中西はそのころから最新の分析技法を取り入れた研究をして注目される研究者になっておりその後、分析の新手法を次々と導入して約200種もの生物活性を有する天然物の単離、構造決定をした。

中西はそのころから化学物質の構造決定の手段として紫外線（ＵＶ）、赤外線（ＩＲ）などを導入する研究をしており、大村はそこで分光分析などについて勉強した。中西はその後、東京教育大から東北大へ転じ、さらにコロンビア大学へ異動する。イチョウの葉に含まれている成分のギンゴライド（ginkgolide）や、メキシコ湾で多発する赤潮の原因毒ブレベトキシン（brevetoxin）の構造決定をするなど学術的に高い成果をあげ、世界的に知られる化学者となっていく。２００７年には文化勲章を受章している。

大村が東京教育大の小原や中西の研究室に出入りして勉強しているうち、中西は大村が本格的に化学の勉強をしたいという希望をもっていることを知る。高校の教師をしながら学ぶというのだが、それなら東京理科大学の有機化学の教授をしている都築洋次郎の研究室がいいのではないかという話になる。都築は有機化学の分野では世界的に知られる研究者の一人になっており、特に糖質の化学に関する研究者としては当時トップクラスになっていた。また外国の文献や情報に詳しく多くの翻訳文献や科学史、化学史、科学人名事典の訳者・著者としても知られていた。

東京理科大学の大学院に進学

大村は早速、大学院の入学試験を受ける準備に入った。その最大の準備がドイツ語だった。東京理科大学大学院理学研究科の修士課程に入学したのは１９６０年４月からである。本格的な大村の学び直しは、このときから始まった。昼は大学院で勉強、夜は高校の教師という二足のわらじをはいた大村は、やりがいを感じて学問に取り組むようになっていった。平日の昼間は、東京理科大の講義に出たり文献を読んだり実験計画を練ったり忙しい日々である。化学は実験が命だから実験する時間がほしい。実験は細切れでやると効率が悪い。できたら長時間ぶっ続けでやった方がいい。

都立高の教師には週1日は研究日があって学校へ出勤しなくてもいい。好きなように研究や勉強をしなさいという日である。大村は、研究日と土日を入れた3日間、東京理科大で実験をやることにした。実験が始まると夜も昼もない。大村は登山に使っていた寝袋を研究室に運び込み、泊りがけでやることにした。

ある日の実験で大村は大量に水を床に流してしまった。実験室は2階にあるが、その真下は学長の真島正市の部屋である。真島は応用物理学分野の権威であり、東大から慶應義塾大学を経て1955年から66年まで東京理科大学学長を務めた人である。金属、木材、摩擦、衝撃、燃焼など多方面にわたって物理現象を研究した応用物理学の第一人者だった。その真島の学長室に上からぽたぽたと水が漏れてくる。それも2度、3度と重なってしまった。大村は雷を落とされるのを覚悟して学長室に謝りに行くが、真島は笑みを浮かべてまたかという顔をして許してくれる。大村はその度量の広さに恐縮するばかりだった。

大村が師事した都築洋次郎は、よく論文の紹介や発表会を開催した。助教授、講師以下都築研究室の研究員は総出で参加し、それに外部の大学関係者や企業人なども加わる。ときにはハイキングやソフトボールなども行って研究者たちのコミュニケーションを円滑にし、研究を楽しむ環境づくりをする。都築を慕う同窓生の集まり「八峰会」を定期的に開き、外部の卒業生も集まり情報交換をしたり研究成果を発表するなど研究者にとっては毎回刺激的な会合だった。後年大村も楽しい雰囲気作りをしてスタッフを研究に引き込んでいく研究室運営をしたが、当時の研究室運営を自然と身に付けた結果だったのだろう。

大村は教授の都築に師事しているのだが、具体的な細かい指導は講師の森信雄にしてもらい、研究の大事なところや総括的な指導は都築に仰いだ。当時まだ学問としては草創期にあたる核磁気共鳴（ＮＭＲ＝Nuclear Magnetic Resonance）を応用して有機化合物の物性を分析したり構造決定に関する研究をした。核磁気共鳴は、もともとは原子核の内部構造を研究するための手段だったがその後、原子核のラーモア周波数が原子の化学結合によってわずかに変化する状態を利用して化学物質の分析手段として用いるようになる。都築の研究室はその最新技術を手掛けており、大村はその一端を研究する幸運に恵まれた。

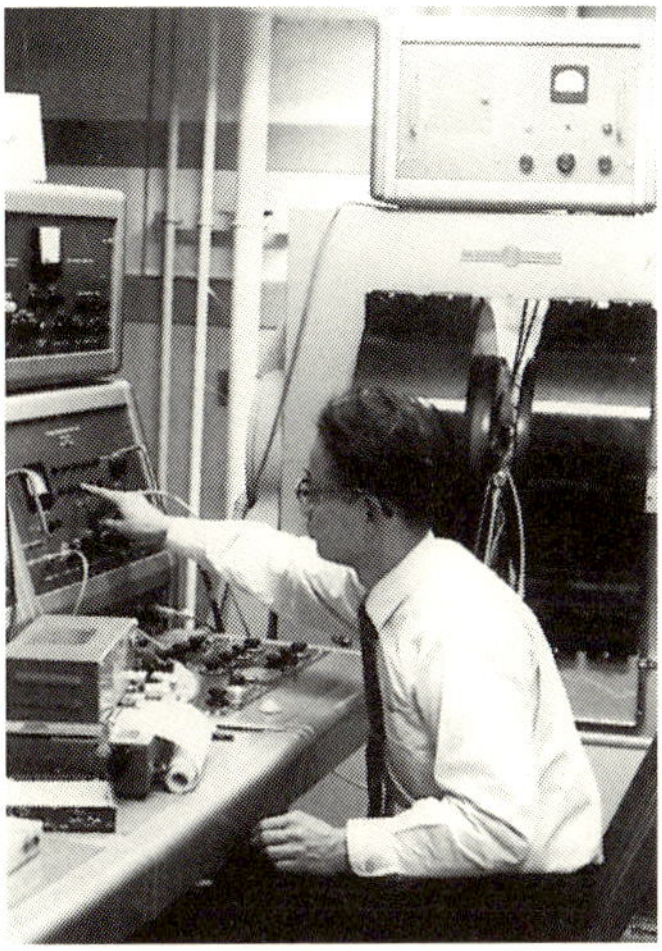
東京理科大学大学院生時代、真夜中に東京工業試験場でNMR スペクトルを測定（1962年）

あるとき大村は、研究室がすぐ近くにある竹田政民から声をかけられた。竹田は炭化水素の分子内部回転、高分子の回転異性などを赤外線スペクトロ、核磁気共鳴法などで解明する研究に取り組んでいる教授であり、その分野では第一人者であった。大村はNMRの実験などで竹田から指導を仰ぐこともありよく知っていた。竹田は大村にこう言った。

「大村君、今度、東京理科大学80周年記念式典があって、そこで学生代表が祝辞をあげなければならない。この代表に誰がいいか理学部の先生方と議論したんだが、私は君が最適だと推薦した。話があったら受けてくれ」

大村はびっくりした。東京理科大の学部から進学してきた理科大の生え抜きの院生ではないし、研究者としての実力からいっても代表になるような資格はないと固辞する。そのあとで竹田の理由を聞いて大村はますます固辞する気持ちになった。竹田が言うには、「君は土日も出てきて実験をしている。なかなか感心な院生だ」という。しかしこれには理由があって、平日は高校の勤務があるから土日しか実験ができない。それで仕方なく来ているのだが、はたから見ると土日も犠牲にして実験に取り組む感心な院生とうつったようだ。

大村は、都築に「80周年記念式典というような晴れがましい舞台で祝辞など読めない。辞退したい」と相談に行った。都築はこう言った。

「いや、大村君、これは後ですごくいい思い出になる。君にとってもいい経験になる。是非受けなさい」

大村はこの都築の言葉に勇気づけられ、祝辞を読むことを決意した。１９６１年11月挙行された80周年記念式典では、文部大臣や気象庁長官など有名人が次々と祝辞を述べた後、大村は学生代表として堂々と祝辞を読み上げた。そのとき書面に書いた祝辞は、後で大村の妻となる秋山文子が毛筆で書いたものである。大村の晴れ姿に文子がお祝いの気持ちで書いたものであった。この２人が付き合うきっかけを作ったのは同僚の教師である。

新潟県出身の明るい女性とお見合い結婚

大村が墨田工業高校の同僚の教師たちと飲んだときなど、お互いに将来の生き方を話し合うことがある。そんなとき大村は、大学院を出たら研究者になりたいという夢を語っていた。教頭がそれを伝え聞いて縁談を持ってきた。「自分の故郷である新潟県糸魚川で研究者が好きで、そのような人と結婚したいと言っている女性がいる。会ってみないか」という話である。秋山文子という娘だが母親の秋山ただとまず会ってほしいという。娘を見合いさせる前に母親が見合いの相手を品定めする。そういう魂胆だったかもしれないが、大村はそんなことにはこだわらずに会ってみた。

するとこの母親が実に温和で聡明な女性である。大村は品定めをされているのに逆に自分が品定めをする心境になっている。この母親の娘なら大丈夫だ。それですぐに本人同士で見合いすることになる。文子は明るく天真爛漫な人柄であり、母親から想像した娘そのままだった。その人柄に惹かれた大村は結婚を申し出て話はとんとん拍子に進む。

彼女の実家は糸魚川から松本方面に延びる、昔は塩の道と呼ばれた国道１４８号（大町市以降は国道１４７号）の起点となる街角にあった。その当時父親はデパートを経営していた。その父親知正はきわめて厳格な人で、曽祖父は糸魚川藩の城代家老職にあったという。この父親と初めて会ったときのことを大村はよく覚えている。昔気質の厳格そうな雰囲気を持った父親が「世が世ならば娘を一百姓の小倅に嫁がせるわけにはいかぬ」といった感じで応対する。これを見て大村は、父親は2人の結婚をあまり気に入っていないなと思った。文子の父親は男3人女1人の子どもたちの躾には、ことのほか厳しかった。

大村はまだ高校の教師だったが、東京理科大大学院を修了したら山梨大学の助手として再就職する話が進んでいた。結婚と同時に大学の研究者になることになる。結婚式は1963年3月23日であった。東京・錦糸町駅ビル錦水会館の中華料理店で披露宴を行った。主賓として祝辞を述べたのは上京後に薫陶を受けた安達禎であった。結婚式では双方の出身地にひっかけて、甲斐の戦国大名・武田信玄と越後の武将・上杉謙信の話が中心となった。戦国時代に2人の武将は、千曲川と犀川が合流する川中島で数次にわたって激戦を展開する。その戦いを話に出しながら新郎側と新婦側からのスピーチは丁々発止の掛け合いになった。しかし新婦側の謙信から塩を贈られた新郎側の甲州の一同はどうも分が悪い。それで披露宴はますます盛り上がった。新婚旅行は学割プラス新婚割引で房総半島一周に出かけた。

大村が実家の両親に研究者になりたいと言い始めたのは、大学院の修了もめどが付き、高校教師を辞めて晴れて大学の助手として就職が内定してからである。両親は、山梨大学の助手として地元に戻ってくることは歓迎して喜んだが、父親は秘かに将来を心配するようになる。遊び呆けていた長男が志を変えて学び直し、大学院も修了して地元の大学の研究者になるのはいいが、たいした学歴でもないし、息子の研究内容は父親にはその価値が皆目分からない。

父親は、山梨でも学識のある偉い先生に相談にいっては息子の研究者としての将来性を聞いてみた。大村の経歴をみた学識者たちからは「この経歴だったらあまり将来性がない。せいぜいよくても大学の講師どまりだろう。このまま高校教師を続けて、将来は校長にでもなればいいのではないか」とまで言われる。しかし大村の父親はこのようなコメントを聞いて、息子に世間ではこのように見られていることを正直に話した。そのとき大村はこう思った。

「日本では講師どまりかもしれない。だったら世界を目指せばいいじゃないか。その方がやりがいがある」

大村の父親も負けず嫌いでは定評があった。息子への評価が世間ではこの程度と知って逆に息子を燃え立たせたいと思ったのである。負けず嫌いの血を引いている大村も、父親の言葉を聞き奮い立つようになる。

大学院修了間際に初めて学術論文を書いたが、これは英語で書いたものだ。日本化学会の欧文誌に投稿したもので、糖の立体構造をＮＭＲ装置を使って分析したものであった。当時、東京理科大学にはＮＭＲはなかった。東京都渋谷区初台の東京工業試験所（のちの通産省化学技術研究所）に１台あるだけである。大村は講師の森と相談してこのＮＭＲで実験しようと知人のコネを使ってやっと使用許可を得た。ただし使用するのは、誰も使用しない時間帯の夜中だけである。１枚のチャートをとるには一晩かかる。大村は徹夜で実験するのは慣れているしスポーツで鍛えた体力もあるのでお手のものだ。しかし一晩かかっても１枚もとれないで帰ってくることもあった。東京工業試験所は甲州街道に近かったので、甲州街道を大きなトラックが通ると建物が揺れて機械がガタガタとなってしまう。それを再調整するのがまた一苦労であった。

徹夜で蓄積した実験データ

こうして集積した実験データをもとに大村は修士論文をまとめることにした。森と大村は歳が4、5歳しか違わない。だから森は大村を弟分として可愛がり実験のやり方から論文の構成と内容まで面倒を見る。修士論文にした内容はそのまま埋没させるのはもったいない。NMRの論文はまだ少なかったので英文にして学会の欧文誌に投稿しようということになった。大村にとっては最初の論文になる。しかも英語の論文だから森の指導を受けながらなんとか書き上げた。論文のファーストオーサー（First Author）は森信雄となっているが、大村が実験して論文にしたものを森が指導教官として手を入れて完成させたものである。大村はその当時、英語はあまり得意な方ではなかったが、教授の都築は英語が大得意であり論文は英語で書くように徹底して指導した。都築は「日本語で論文を書いても外国人は読めないから実績として認めないし、研究成果も正当に評価してもらえない。論文は必ず英語で書きなさい」と強く指導する。有名大学の経歴のある人には普通のやり方では勝てないと思っていた大村は、その後、都築の教えを守り研究論文はほとんど英語で書くようになる。現在までに1100編近くの論文を発表しているがその95パーセント余は英語で書いたものである。

1963年3月、大村は墨田工業高校で受け持った一クラスの生徒を卒業させた。同校には5年間勤務したことになるが、担任として卒業させたのはこれが最初で最後になる。5年間の勤務を経て卒業式を迎えたとき、大村は感慨を噛みしめていた。そのとき大村は、山梨大学の地学の教授、田中元之進が言った「社会に出てから5年間頑張れ」という言葉をいま一度思い出していた。大学時代の勉強などあてにならん、社会に出てから5年間頑張れというあの言葉である。大村は後々「5カ年計画」という言葉をよく使うようになるが、それはこの言葉と体験から来るものである。学生時代に成績が良かった人は、往々にしてテストで良い点を取るといったことにこだわり、社会に出てからも点数稼ぎのような仕事をしてしまう。しかし何事にも成功するためには、本当に成功するかどうか分からないようなことに時間を割いてやるところから始まる。そこから出発しないことには、何もはじまらないと大村は思うようになっていた。

墨田工業高校では教師として生徒たちに教えたことよりも、自分が生徒たちから教わったことの方が多かったと思った。当時の夜間高校に通う生徒たちは、家が貧しいために働きながら高校に通うという境遇だった。そんな生徒たちのひたむきな姿をみていると、大村自身が東京理科大学で勉強するときには大変な励みになった。大村は夜間高校の生徒たちから勉強の重要性とそれに向かう意欲を学んだのである。大村が何か書くことを求められたときに「処万変主一敬」（万変に処するに一敬を主とす）という中国から伝わった古語の一節をよく引用する。現代語に訳すと「自分の部下であろうと上司であろうと誰もが自分の師であると思うことが大事だ」という意味である。その原点は、大村の高校教師時代の体験から来たものであった。

高校の卒業式と相前後して東京理科大学大学院の修了式もあった。そして大村は、翌月の4月から山梨大学の助手としていよいよ本格的な研究生活に入る。社会人になって5年後の1963

年春は、大村にとってまさに人生の岐路となった年であった。

山梨大学の助手として研究生活をスタート

1963年4月、大村は山梨大学工学部発酵生産学科の助手として赴任した。マイスター師匠の丸田銓二朗が大村のために用意したポストである。故郷を離れてから5年後に、今度は文子という新妻を伴っての里帰りであった。大村の新しいボスは工学部発酵生産学科教授の加賀美元男である。ここではまず葡萄酒の研究に携わった。酵母を扱った研究をしていたのだが、これが大村の微生物研究との出会いであった。

葡萄酒は時間が経つとブドウ糖の量が減っていく。微生物が分解する働きをするからだが、一夜にしてアルコールに変化させる微生物のパワーを知って大村は驚いたという。大学に出勤すると毎日葡萄酒の糖の分解を分析する研究に取り組むが、論文として発表するような研究内容ではない。東京では最新式のNMRなどを駆使した実験をしていた大村にとっては何か物足りない日々となっていく。赴任して間もない時期だったが、早くも大村には疑問を感じる研究生活となった。

葡萄酒に銅が混入すると濁ってくる。その銅イオンを選択的に吸着するような合成樹脂をつくったらどうだろうかと考え、教授の加賀美に言ってみた。すると加賀美は言下に「それが可能なら素晴らしい」と言う。大村はこれの実現に挑戦してみようと毎日取り組んでいった。実際にイオン交換樹脂に銅イオンと結合するようなグループをくっつけてみたら、銅イオンを選択的に吸着することが分かった。早速、教授に報告し論文も発表したが、特段、褒められるわけでなし何も手応えがない。大体、大学の研究者間の情報交換もないし研究に対する意欲もあまり見えない。日常の研究生活に刺激も少なく何をやっても手応えが感じられない。大村の心の中では、もう一度東京へ行って研究したいという思いが募り、またこれまでに学んできた化学に加え、甲府に来て学んだ微生物学を合わせた研究をしたいと思うようになった。

大学での研究生活は不満だったが、私生活では文子との新婚時代であり楽しい時間だった。ただ安月給だから生活は楽ではない。新潟育ちの文子には甲府盆地特有の冬の寒さと夏の暑さはこたえたらしい。ある夏の夕方、大村が帰宅すると文子が冷蔵庫の扉を開けて背中をつけるようにして涼んでいた。当時の住まいにはエアコンなどない時代である。彼女は暑さや寒さでときたま体調を崩しながらも駆け出し研究者の大村を応援してくれた。

大村は、給料のほとんどを書籍購入にあてたり、実験器具を購入したりするので生活費は文子の実家からの援助で賄うといった苦学生のような生活を強いられていた。文子はそんな生活に文句も言わず、夜間の実験をする大村に夕食を運んできてくれたり、実験データの計算を手伝ってくれたりした。大村が研究に疲れてくると、いつの間にか親戚に頼むなどして北陸の温泉を予約して気分転換を図ってくれた。そんな彼女の楽しみはときおりの里帰りだった。父親の経営するデパートの手伝いをしたり、母親との時間を楽しみ、帰りしなにはお土産と称して生活を支える食料品をダンボールいっぱいに別便で送り、お小遣いをもらって帰ってきた。

山梨大学に来て２年目を迎えたとき、大村は東京へ出てまた刺激的な研究生活に戻ることを真剣に考えるようになった。大村は再就職の口を知人や友人に相談するようになる。研究者としてやりがいのあるところがいい。文子も研究者になるというから大村と結婚したと常々言っているので、その期待を裏切らないようにしなければならない。

そんなとき友人から、東京理科大学薬学部の教授である山川浩司の研究室で助教授のポストが空くからどうかという願ってもない話が飛び込んできた。東京理科大学では修士課程を修了しているし、まだ博士学位を取得していないがいずれ東京理科大学で博士号を取得したいと考えていた矢先である。学部は新設間もない薬学部であるが、理学部には恩師の都築洋次郎もいるし多くの知人研究者もいる。大村はすぐに山梨大学には今年度いっぱいで辞めることを伝えた。大学には、ほぼ半年前から去就を伝えないと次年度の授業計画ができないからである。それからしばらく大村は、はやる気持ちを抑えて東京理科大学からの正式な採用内定の通知を待っていた。

ところが東京理科大学を辞めて国立大学に転職するはずだった助教授が、辞めないで引き続き助教授にとどまることになった。国の方針で国立大学の採用を控えろと言われたからである。大村はすでに山梨大学を辞めることにし、大学当局にその旨伝えてあるので今更これを翻意などできない。気の毒に思った山川浩司が大村の職探しを始めた。ほどなく友人である北里大学薬学部教授の小倉治夫を紹介してくれて面会することになった。

面会にいくと小倉は大村にこう提案した。

「北里研究所の所長である秦藤樹（はたとうじゅ）先生の研究室で、化学の研究員を1人募集するのだが、受験してみてはどうかね」

試験にパスすれば北里研究所が採用してくれる。ただし受験の条件は大学新卒者と同じだという。この新卒者に交じって大学卒業後7年もたっている29歳の大村が採用試験を受けなければならない。しかし大村は「やります」ときっぱりと返事した。

北里研究所の研究員に転身

試験は英文和訳と化学のテストであった。英語はまずまずであったが、化学はまずかった。化学のテストはペニシリンの構造式を書けというものだったが当時の大村にはペニシリンとは何ぞやと首をかしげることしかできない。ペニシリンを知らなかったのだから構造式など分かるわけがない。試験が終わった後、絶望感を抱きながら大村は甲府へ帰っていった。

ところが試験の結果は、英語のテストの点数が良かったのが幸いしたのか合格という連絡が来た。大村も文子も飛びあがって喜んだ。大村は再び東京で研究生活ができる。文子にとっては初めての東京生活になる。引っ越しの準備をしたり大村が上京して健康診断を受けたり、引っ越し先を下見したりと忙しい日々を送っていると突然、気がかりな知らせが来た。健康診断の結果、肺に影があるから再検査が必要なため上京せよというのだ。差出人には「港区芝白金三光町１３８番地　北里研究所人事課　国欣二」とあった。

肺に影があると聞いて、大村は信じられない気持ちだった。まだ日本では結核が怖い病気として残っている時代だった。文子は持ち前の明るさで「もし結核なら北里研究所付属病院に入院して、身体を治してから出直せばいいわよ」と言う。大村は重い足取りで北里研究所を訪ねて精密

北里研究所へ入所間もないころ（1965年）

検査を受けた。診断は研究所の所長である秦藤樹が自ら担当した。

結果は「異常はなし」だった。大村はこの言葉を秦から言われたとき、思わず秦に対し手を合わせたくなった。このときから大村は「芝白金三光町」という町名が頭の中にこびりつき、大村にとっては未来に光明をともしてくれるような地名になったという。大村は秦に何度も頭を下げて感謝を伝え、研究者としての新しい門出の決意を新たにする。大村はわずか2年間の山梨大学の生活に別れを告げ、東京都世田谷区瀬田2丁目の6畳一間である大明荘へ引っ越した。

第4章 北里研究所に入所して鍛えられる

圧倒される北里柴三郎の業績

１９６４年は東京オリンピックが開催され、戦後の日本に一区切りをつけた年であった。オリンピック後に景気は一時下降線をたどって悪くなったが、所得水準は上がりはじめており日本人が少しずつ自信を取り戻してきた時期である。大学卒の初任給が約２万円、都バスが20円、新聞の購読料が朝夕刊セットで１カ月５８０円、牛乳が20円という当時の値段を見ると今のほぼ10分の１の物価だった。１９６５年には山陽特殊鋼が総額５４０億円余の負債を抱えて会社更生法の適用を申請し、戦後最大の倒産として世間を騒がせた。

国際的な動きを見るとアメリカがヴェトナムの北爆を開始し泥沼戦争へと入っていった。首相の佐藤栄作が戦後初めて総理大臣として沖縄を訪問して沖縄返還への準備を始める。吉展ちゃん事件で容疑者が逮捕されたのもこの年である。経済状態は前半悪かったが年末に戦後初めて赤字国債の発行を決め、景気刺激策によって年末から「いざなぎ景気」が始まった。

朝永振一郎がノーベル物理学賞を受賞し、女子バレーボール監督の大松博文が『なせば成

北里柴三郎（1852－1931年）

る！』『おれについてこい！』などの本を出してベストセラーとなり、プロ野球の金田正一が『やったるで！』という本を書いて流行語となった。

そのような世相の中、１９６５年４月１日から大村の新しい職場となったのは社団法人北里研究所であった。同研究所は、近代日本が生んだ傑出した医学者の北里柴三郎が創設した研究所である。大村は北里研究所の受験という話があったとき、北里柴三郎を学校で習ったことを思い出した。そこで改めて研究所の沿革と柴三郎の業績を調べてみて驚いた。各種の資料を読めば読むほど北里柴三郎の偉大さに敬服し、年とともに深く傾倒していくようになる。

北里柴三郎は、１８５２年（嘉永５年）12月20日、肥後国阿蘇郡小国郷北里村（現、熊本県阿蘇郡小国町）に生まれた。明治維新の16年前、江戸幕府最後の時代である。少年時代から才覚を認められ、１８７１年（明治４年）、19歳のとき熊本医学校（現、熊本大学医学部）の第１回生として入学する。熊本医学校には、江戸幕府の招聘で来日したオランダの予備海軍軍医のゲオルゲ・ファン・マンスフェルトがいた。そこで彼は基礎医学と臨床医学を教えていた。

マンスフェルトは北里が非常によくできるのを認め、東京医学校（明治10年に東京大学医学部となる）へ進学するように勧める。東京医学校には、お雇い外国人として教鞭をとっている学者と専門家が何人もいる。そこでこの若者を鍛えたほうが国家のためになると考えたからだ。

１８７５年（明治8年）、北里は22歳のときに熊本医学校を途中で辞めて東京医学校へと進学する。同年輩の森林太郎（森鷗外）は、すでに医学校を卒業してドイツ留学へ出た後であった。そこで8年間医学を学んだ北里は、１８８３年（明治16年）に東京大学医学部を卒業して内務省衛生局に就職する。医学を学ぶにしたがって「医者の使命は病気を予防することにある」と確信するようになったからであり、予防医学を生涯の仕事とする決意を固めたからであった。北里はそのころからドイツ留学を希望し、同郷で東大医学部の同期生であり東大教員兼衛生局東京試験所所長を務めていた緒方正規の計らいで１８８５年（明治18年）ドイツ・ベルリン大学のロベルト・コッホ研究室へ留学する。

コッホ研究室で評価され実績をあげた北里

コッホは細菌の染色法や培養法を考案した病原細菌学の世界の第一人者であり結核菌、コレラ菌の発見者としても知られていた。結核の診断に使うツベルクリンはコッホの発明した方法である。コッホ研究室での北里の研究の取り組みは、外国人から見ると常軌を逸するようなものだった。コレラ菌を寒天培地に植える実験のときは、ほとんど食事もしないで10時間ぶっ続けでしていたという。欧米に留学した多くの日本人は、文字通り寝食を忘れて研究や実験を続ける人が多かったが、北里も例外ではなかった。コッホは北里の猛勉強ぶりに「ドイツ人にも彼ほどの勉強家は少ない」と驚嘆した。

北里の業績で国際的にも高く評価されているのは、破傷風菌の純粋培養である。それまで多くの細菌学者が破傷風菌の培養を試みたが、誰も成功したものはいなかった。培養していると他の細菌が混入してくるので、純粋培養はできなかったのである。

北里は実験を重ねていくうち、破傷風菌は培養基のゼラチンの奥のほうで繁殖するが、他の細菌はゼラチンの表面近くで繁殖していることに気が付いた。破傷風菌は空気を嫌う嫌気性菌であるに違いない。そのことに最初に気が付いた北里は、独自に開発した実験器具で培養を試みていく。北里はまた、破傷風菌は熱に強いことも発見する。空気を水素ガスで置換した培養装置を考案してついに純粋培養に成功した。

さらに北里は、破傷風菌の毒素を取り出すことにも成功する。破傷風菌をろ過して除去した残りの液を動物に与えると、破傷風に感染したときと同じ症状を示して死ぬのを確かめた。北里はこの現象から破傷風に感染して死ぬのは破傷風菌そのものが原因ではなく、破傷風菌の出す毒素によるのではないかと考えたのである。それはまったく新しい知見であり世界で初めての成果であった。

さらに北里は破傷風の治療法の開発を手掛けた。細菌毒素で免疫をした血液の血清を動物に与えると病気に感染しないし、感染して発病しても自然と治ることが多い。北里の破傷風の血清療法はこうして生まれたのである。北里が開発した血清療法についてベーリングと共同で書いたドイツ語の論文は、1890年にドイツ医事週報第16巻に「動物におけるジフテリア免疫と破傷風免疫の成立について」と題して掲載された。論文の主たる内容は、北里が開発した破傷風の血清療法であった。しかし論文のファーストオーサーはベーリングであり北里はセカンドオーサーになっている。これがのちにノーベル賞受賞を逸することにつながっていく。このことについては後で詳述する。

コッホに師事すること６年半、北里は１８９２年（明治25年）に帰国する。コッホ研究室にいる間、北里は24編の研究論文を発表したことでヨーロッパの医学界に北里柴三郎の名前が知れ渡った。この実績を評価する欧米の多くの大学、研究機関から招聘を受けるが、日本の脆弱な医療体制の改善と伝染病の予防体制を構築するという国費留学の目的があったことから、北里は招聘をすべて断り帰国したのである。

北里研究所を創設した柴三郎

北里はドイツ滞在中に東大医学部と対立関係になっていた。それは当時原因が不明だった脚気について、東大教授でドイツ留学のときに便宜を図ってくれた緒方正規の「脚気菌が原因である」という説を否定し、学問的に批判したことから始まる。恩人である母校の教授をこのように批判するのは恩知らずとして、東大医学部は北里をことのほか無視する態度に出る。帰国した北里を受け入れ、ドイツ留学で修得した世界最新の細菌学の研究成果を日本の医学のレベル向上に役立たせようとする気持ちはなく、北里を見殺しにするような態度に出る。

それを見かねたのが福沢諭吉だった。福沢は北里の実績と実力を高く評価し、自分の土地を提供して私立伝染病研究所を設立し初代の所長に北里を据える。その後この研究所は国に寄付され内務省の国立伝染病研究所となる。北里はここで伝染病予防と細菌学に取り組み、ペストが蔓延する香港でペスト菌を発見するなど次々と実績を重ねていく。

伝染病研究所は衛生行政を管轄する内務省に所属している機関なので、予防医学こそ医学の王道であるとする北里の考えと軌を一にするものであった。ところが1914年（大正3年）、政府は突然、所長の北里に相談もなく伝染病研究所の所管を文部省に移管する方針を打ち出す。文部省に移管し東大の下部組織にするという方針である。どうみても東大医学部と長い間対立関係にある北里を配下に抑え込もうとしたように見える。

北里はこれに猛烈に反発する。そして北里と伝染病研究所の多くの幹部研究者が一斉に辞表を叩き付けて辞め、新たに私費を投じて私立北里研究所を設立するのである。北里研究所はその後狂犬病、インフルエンザ、赤痢、発疹チフスなどの血清開発に取り組み、多くの実績を蓄積して日本の医学界に不動の地位を築いていく。北里は後年、福沢諭吉の恩義に報いるため、慶應義塾大学に医学部を創設して初代医学部長となり付属病院長も兼務する。北里柴三郎の赫々たる業績に感動した大村は、柴三郎への畏敬の念をますます強くするようになる。

午前6時には出勤する新入研究者

1965年4月1日、妻の文子に送り出されて「芝白金三光町」にある研究所の門をくぐった大村は、真っ先に所長である秦藤樹に挨拶に行った。秦は大村が入所する際の健康診断の精密検査で「シロ」と判定した恩人である。所長室に入ってひと通りの挨拶が終わり、辞令が交付され

社団法人北里研究所へ入所し、抗生物質ロイコマイシンの構造決定をしていたころ。前列右端（1968年）

ると秦はこう言った。

「研究所の仕事は種々雑多なことも多い。大村君にはまず仕事に慣れてもらうために、いろいろなことをやってもらう。しばらくは私の研究室で手伝ってもらう」

手伝ってもらうと言われた仕事は、秦が講義したときの黒板拭きと論文の清書であることが後で分かる。秦は「君は化学の佐野研究室と、薬学部の小倉研究室に所属することになる」とも付け加えた。小倉研究室とは、できたばかりの北里大学薬学部の教授である小倉治夫のことである。東京理科大の山川浩司の紹介で大村が小倉に相談に行ったときに、小倉は北里研究所を受験してはどうかとアドバイスをくれたのである。

当時の北里研究所の部署の名前は、微生物薬品化学研究室とか抗生物質研究室という研究室名ではなく、研究室のボスの名前をとった名称が使われていた。所長の秦が運営する研究室は北里の中でも最大規模の研究室であった。微生物の松前昭廣の運営する研究室は松前研究室であり、梅沢巌の癌の研究室は梅沢研究室、化学では佐野敬元の佐野研究室と野村節三の運営する野村研究室があったが、いずれも秦の研究室に組み込まれていた。

大村は秦の言葉をただかしこまって聞いていた。大村に手渡された辞令には「北里研究所研究部　抗生物質研究室　技師補」とある。大村は最後にくっついている「補」という字を見ながら、研究所はこのおれをまだ一人前として見ていないなと思った。都立高の教師を5年やりながら東京理科大修士課程を修了し、その後山梨大学の助手を2年やった経歴がある。しかし辞令をみると大学の新卒と同じ扱いのようだ。そのとき大村はまたしても、負けず嫌いの気質がむらむらと頭をもたげてきた。よし、それなら新卒とは違うところを見せてやろう。

大村が最初にやったことは朝一番の出勤である。朝6時には研究室に入り、9時過ぎに他の研究員らが出勤してくるころには一通りの仕事を片付けている。朝早いのは、子どものころから実家の農作業を手伝っていたので慣れている。農家はどこも日の出とともに仕事を始めていた。出勤すると大村は、部屋の掃除をやってから研究所長や研究室のボスからいいつかっている論文清書をやる。当時はワープロなどない時代だからすべて手書きである。論文を清書していると専門的な知識に触れることができるので、それだけでも勉強になる。時に疑問点を見つけると、自分なりに文献を広げて調べてみることもある。教授といえどもうっかりミスすることもあるし言い間違いもある。大村はそのようなチェックをしながら丁寧にこなすことを心掛けていた。

論文の清書が終わると実験の準備である。教授や室長に言われる前に段取りを自分なりに準備しておく。大村はこれもまた子どものころからの農作業を通じて段取りの重要性を身に付けていた。

大村が早朝出勤をするころ、決まって出てくる研究者がいた。すでに80歳になろうとしていた病理部長の岡本良三である。岡本は出勤するとすぐに白衣に着替え、寸暇を惜しむように顕微鏡を覗いている。大村が岡本研究室のわきを通りかかると、岡本の顕微鏡を覗く姿が早朝の逆光の中で輪郭となって浮かび上がっている。無心に仕事をする老研究者のシルエットを見ると大村は敬虔な気持ちになり、自分の仕事への励みとなる。

ときたま出勤する研究室の入り口や廊下で岡本と出会うことがある。すると岡本が「君も早いね。よく頑張っているね」と声をかけてくることがある。大村は丁重に頭を下げてお礼を返しながら、毎日、岡本と競争するように出勤することには、ことさら頑張っているという気持ちを持っていなかった。東京理科大の修士課程のころはよく徹夜で実験に取り組んだ。それに比べれば早朝出勤など恵まれていた。動物行動学者のコンラート・ローレンツの「若いときにつらい経験を与えないと、大人になって不幸だ」という言葉を大村はよく後輩の研究者にも語って聞かせることがある。それは自分の体験からくることでもあった。

実験をしたり文献を読んだりする研究以外のことでも、大村はいろいろな仕事をした。その中でも勉強になったのは秦の黒板拭きだった。秦は俗に言う五十肩で腕があがらないから黒板拭きを苦手にしていた。秦の講義のときは助手として教室に入り、講義を学生と一緒に聞いているのだが、秦が「おいッ」と言ったら間髪入れずにサッと黒板を拭かなければならない。このタイミングが難しい。というのも秦が黒板に書いていることを同時進行で大村は書き写していかなければならない。そのとき黒板拭きを命じられ、なおかつ「この原稿を清書しなさい」「このへんを少しまとめておくように」などいろいろな課題を与えられる。同時進行で仕事をこなすわけだから、かなりハードな修業となる。しかし大村は、徐々に仕事ぶりが認められていくことが分かるので、嫌な顔一つ見せずむしろ秦に言いつかることに誇りを持って取り組んでいた。秦もまたこの役立つ青年を少しずつ評価するようになっていた。

そのころであった。実験に追われているとき研究室に見知らぬ外国人が大村を訪ねてきた。案内してきたのは、京都大学教授の吉田善一であり、当時、日本化学会会長を務めていた。多分、北里研究所にほかの用件があり、そのついでに大村を訪ねてきたのだろう。来訪した外国人は有機化学の分野では有名な学者であるプリンストン大学教授のP・フォン・シュライヤーであった。シュライヤーは、大村が東京理科大学大学院時代にやった赤外分光法（ＩＲ）を用いたオキシ酸の分子内水素結合に関する英文の論文を読んでおり、ＮＭＲやＩＲを使って化学物質の構造決定をする研究などについて2人は意見を交換した。意見交換といっても、大村にとってはこのような大物の外国人研究者と対面するのは初めてであるから、どぎまぎして会話にはならない。ほんの短いやりとりだったが、大村は感激した。大村は英文で論文を書いてよかったと思った。国際的に認められるのは英文の論文だけであることを、身をもって経験したのだった。「研究者になってよかったと思ったのは、このときが最初だった」と大村は述懐する。

秦の義父は日本でも有数の細菌学者だった

秦は北里研究所の中でも看板になる大研究者だったが義父である秦佐八郎は、日本の医学史に名を残す有名な細菌学者であった。佐八郎は、1873年（明治6年）、石見国美濃郡都茂村（現、島根県益田市）に生まれた。当時難病であった梅毒の特効薬となるサルヴァルサン（ヒ素化合物製剤606号）をドイツのパウル・エールリッヒとともに開発した。エールリッヒは免疫に関する研究でロシアのイリヤ・メチニコフと共同で1908年にノーベル生理学医学賞を受賞する。同じ時期、佐八郎もまたノーベル賞受賞候補者としてノミネートされていた。

佐八郎は1895年、第三高等中学校医学部（現、岡山大学医学部）を卒業後、伝染病研究所に入所して北里柴三郎と出会う。1907年からコッホのもとに留学し細菌研究所で免疫学の研究を行う。そしてエールリッヒらとともに梅毒の治療薬の開発研究に取り組み、ヒ素の化合物の効果と急性毒性について動物実験して優れた効果を確認した。

1910年4月、第27回ドイツ内科学会でエールリッヒは「ヒ素化合物製剤606号」として梅毒に対する化学療法の総論を発表した。佐八郎は動物実験の成果を発表し、他の共同研究者は梅毒患者への臨床治験の成績を発表した。1910年にはエールリッヒと佐八郎が共著論文として『スピロヘーターの実験化学療法』をドイツ語で刊行する。佐八郎は戦前、欧米で最も知られた日本人科学者の一人であった。

秦藤樹は佐八郎の娘と結婚し偉大な義父を継いで医学研究者となった。大村が出会ったころには、癌の化学療法研究の第一人者としてすでに名を成していた。1953年には抗生物質ロイコマイシンを発見し、1956年にはマイトマイシンを発見して癌治療に多大な功績を残していた。

そのような大物所長付きの黒板拭きであり論文清書係である。名誉であるばかりでなく大村には非常にためになった。秦の講義内容を知識として蓄積できたばかりでなく、清書の後で理解不足のところは文献で調べて確かめたり、秦に質問して教えてもらうので個人教授と同じような状況だった。また秦が教科書の『微生物薬品化学』を執筆したとき、教室のスタッフと一緒に手伝った。この仕事も大村の専門知識を大きく引き上げてくれた。研究者の書いた内容をうつしたり確認作業をすることは大変勉強になる。大村はこのときの教科書出版の手伝いのおかげで、化学療法に関する知識を一気に修得することができた。

秦と大村は師弟の関係になったが、学問の上では意見がぶつかることもあった。秦は医学、大村は化学であり学問分野が違う。その違いから意見が衝突することも珍しくない。秦はすでに斯界の大御所であり大村にとっては恩人であるのだが、学問上のことでは譲るわけにはいかない。秦に怒られてたまったストレス解消の特効薬は、大村にとってはスキーに行くことだった。大村がイライラして秦先生に食ってかかると秦はこう言った。

「おまえはもう遊びに行ってこい。スキーにでも行きなさい」

大村は先生公認だと思って大威張りでスキーにいったこともある。当時の大村の職場の部屋には、若い学生がいつも出入りして大村の仕事を手伝っていた。洗い物をしたり徹夜したり、学生たちと一緒にやっていた。気さくな大村の性格が学生たちには人気があった。手伝ってくれる学生たちに大村はＮＭＲの読み方を教えたり、構造の決め方を教えたりしながら一緒に研究を進めていった。研究所では助手をつけてもらえないため、学生が助手代わりで何から何まで手伝ってくれていたのである。

しかし給与はたいして高くないので生活は苦しかった。妻の文子は公文式教室を開いたり、家庭教師をしたりして生活を支えてくれた。文子は持ち前の明るさで不平一つ言わずに協力してくれた。努力を惜しまずに研究に取り組んでいる夫の姿を見ている文子は、自然と夫を支援するようになっていた。

研究では抗生物質のロイコマイシンの各成分の分離と、構造決定を薬学部教授の小倉治夫のもとで行う。ロイコマイシンは細菌の成育に必要なタンパク質の合成を阻害して細菌の増殖を抑える作用があった。すでにブドウ球菌、レンサ球菌、肺炎球菌、ジフテリア菌など呼吸器、胆のう、皮膚などの感染症に効力を発揮する薬として使われていた。しかし効き目は分かっていても、どんな成分と構造で成り立っているか分からない状態だった。

次々と業績を積み上げる

秦の指示で大村は当時大学院生であった中川彰らと構造決定の研究を始めた。すでに北里研究所にＮＭＲやＩＲの装置を導入していたが、確実にデータを読むことができるのは大村くらいしかいない状態だった。だから教授クラスの研究者もときどき大村に教えを請うことがあった。これも東京理科大の修士課程にいたころ、日本に１台しかなかった東京工業試験所のＮＭＲを徹夜して使った実績があったからである。大村はそのときの徹夜実験を思い出しながら、いまになって苦労が実ったと思った。ロイコマイシンの構造を決定する研究は順調に進み、この抗生物質の10成分を単離し、それぞれの構造を決定することができた。

続いて秦は、セルレニンの分離と結晶化、構造決定をするように指示してきた。大村の仕事ぶりを評価し始めており、できるものには次々と課題を与えてくる。セルレニンとはある種の真菌が産生する抗生物質のことである。微生物や動植物性の脂肪酸合成を阻害する唯一の抗生物質であり、今は脂質代謝の研究には広く使われている。この物質の構造決定までの研究であるが、大村はこれも順調にこなして論文として発表する。これらの仕事はいずれもNMRによる天然物の構造決定の草分けとなった。北里研究所に入所して2年目を終えるころのことであった。与えられた課題を順調にこなし、次々と成果をあげて論文にする。

大村の名前は学外にも聞こえるようになる。そのころから企業や他大学から招聘の呼びかけが多くなっていった。多くは将来の教授や部長を含みにした招聘の話である。しかし北里研究所では化学、薬学、医学、生化学、細菌学などにまたがり、まさに学際の研究ができるという環境にある。大村には満足した研究環境であり不満はない。安給料で待遇は十分ではなかったが、研究者とはそんなものだろうと考えていたので招聘の誘いはすべて断った。

研究のための実験器具は十分だったとは言えず、他の研究室からかり集めたり、手づくりで作ることも多々あった。手づくりの場合、部品をそろえたり材料を買う費用は自腹を切ることが多かったが、大村は特段不満を感じるでもなく研究に対するやりがいを感じていた。

北里研究所では定期的に研究会があり、内部の奨励学賞などもあった。大村は1970年3月にこの奨励学賞を受賞している。このように若手の研究者を支援する仕組みがある程度整えられていたのである。大村はこれがかなり励みになった。故郷を振り切って再度上京してきたからには後には引けないとの思いが大村を熱心な研究に駆り立てていた。冬の寒い日に銭湯からの帰りがてら、研究のことを一心に考えながら歩いていた。どこをどう歩いたか分からないが、自宅に帰りつくと何かカチカチしたものが肩にあたるなと思ったら、肩にかけていたタオルが凍っていて、逆さにしても折れずに立っていた。歩きながら研究のことを考えていたので時間も寒さも忘れるほど没頭してしまったのだ。

大村は、修士学位を取得した東京理科大に博士論文を提出し、理学博士号をとろうと準備を始めていた。東京理科大の恩師の都築洋次郎もそれを期待している。ロイコマイシンやセルレニンの一連の研究成果は、博士号取得に十分な内容だった。論文をまとめて製本までして提出する直前になって周囲から待ったがかかる。大村は北里研究所の研究者であり北里大学薬学部の研究者にもなっている身分だから、周囲からは「やっぱり薬学で学位をとらないとだめだよ」と言われた。

教授の小倉治夫らから東京大学薬学部教授で天然物化学研究では第一人者の岡本敏彦のところへ論文を提出するように助言を受けた大村は「ロイコマイシンの構造と活性に関する研究」を提出した。オリジナル業績として申し分なくすぐに東京大学薬学博士号を取得した。大村は少壮の研究者として成長し、学位を取得することで評価も定着した。

助教授へ昇格し欧州視察旅行へ

それから間もない1969年10月、34歳のときに薬学部の助教授へと昇格する。実家の両親たちも文子の両親たちも非常に喜んでくれた。こんなに早く助教授という肩書をもらい、やっと学者の端くれになったと評価したのである。

特に韮崎の実家の父親は、知人から息子はせいぜい講師どまりと言われていただけに内心ほっとした心境だった。

大村はもう1つ、理学博士の学位も持っている。それはこういういきさつだった。東京理科大の恩師の都築の同窓会である「八峰会」に行ったとき、都築は大村が東大で学位を取得したいきさつを知っていたが次のように言った。

「将来は理学の方がいいのではないか。理学博士号も取った方がいい。君の実績は素晴らしいのでこれまでの論文を3つほど持ってきなさい。理学の学位を出すにはそれで十分だ」

大村は、都築の助言でブドウ球菌、レンサ球菌、肺炎球菌などのタンパク質の合成を阻害して増殖を抑えるスピラマイシンの構造に関するもので3編の論文をまとめて提出した。この論文で1970年、東京理科大学理学博士号を取得した。

大村がロイコマイシン、タイロシン、スピラマイシンなど一連のマクロライド系抗生物質の単離から構造決定まで取り組んだ仕事は、短期間で驚異的な成果であった。マクロライド系の抗生物質は比較的副作用が少なく、抗菌スペクトルも広い物質である。これらの構造決定は、誰もやっていなかった成果だけにやりがいもあるし内外から評価もされた。

仕事が一段落したころである。研究室に出ても何も手が付かない日が続いた。明らかに体調がすぐれない。妻の文子が見かねて大村を精神科へ連れていった。医師によると研究に熱中し過ぎているので何か他の楽しみを持った方がよいという助言である。「気晴らしにパチンコをやるとか、ゴルフでもやったらどうですか」と精神科の医師は言うので、大村はゴルフをやることにした。ゴルフはやったことはなかったが、もともとスポーツが得意なだけに興味をそそられた。体調回復のためにゴルフはやってみる価値がある。これが後に大村に研究のタネを提供するきっかけとなり真剣に打ち込む趣味となるゴルフとの出会いとなった。

文子の計画にのって温泉に行って気晴らしをしていたが、大村の体調はなかなか回復しなかった。夫婦でいっそ海外旅行でも行って息抜きでもと言っていた矢先のことである。ちょうど国際薬学会への出席と医療医薬研究施設の見学旅行が日本薬学会で計画された。日本は戦後長い間、海外への旅行は制限されていたが、１９６４年から海外の観光旅行が解禁され、海外へ旅行に行こうというムードが高まっていた。

費用はかなりかかるが大村の義母がいい機会だと思ったのか援助を申し出てくれた。１９６９年８月、大村は文子と一緒に見学旅行に視察団の一員として参加した。大村の人生において初の海外旅行である。初の海外旅行というのは文子も同様でありヨーロッパ各国を回るので張り切っている。どうしても和服姿で闊歩したいと言い始め、着物を何枚も持参してヨーロッパに向かった。

学会に出席した視察団は、その後ドイツ、イギリス、スイスを回り、シエーリング、ロシュ、ベーリンガー・マインハイム、ヘキスト、バイエルなど世界的な製薬企業を訪問した。この旅行は大村のその後の思考や行動、国際的視野に大きく影響を与えるものとなる。また、海外からの視点で北里研究所を見るきっかけともなった。北里研究所がいかに国際的な存在であるかを思い知らされたのである。

ベーリンガー・マインハイム社に行ったときである。研究所のロビーの一角に北里柴三郎の胸像が飾ってあった。大村はこれを見たときには驚愕した。この企業は、第1回ノーベル生理学医学賞を受賞したドイツのフォン・ベーリングらが興した企業である。ベーリングは北里と共同で血清療法の研究をし、その成果が評価されてノーベル賞を受賞する。しかし研究の多くは北里の貢献なくしてはできない業績であった。ベーリンガー・マインハイム社は1998年に製薬企業のロシュに買収され、現在はロシュ・ダイアグノスティックスという名の企業になっている。

ヨーロッパの企業の研究者や大学の研究者は、大村が北里研究所から来たことを知ると興味を示しいろいろと話しかけてきた。大村は北里柴三郎の知名度に驚き、北里研究所の国際的な知名度も改めて認識することになる。北里研究所は医師中心の研究所であり、大村のような化学畑出身の研究者が研究を続けていくことには限界があるだろうと思っていた。しかしヨーロッパで北里研究所は想像以上に名前が売れていることを知り、大村の考えは一変した。これからも北里研究所を拠点とした研究活動を続け、北里研究所を日本を代表する研究所として守っていかなければならないと考えるようになった。

泥をかぶる研究を決意

大村が勤務していた研究室の隣には、抗生物質を探し求めているグループがあった。そこで研究に携わっている人たちを見ていると、文字通り悪戦苦闘という言葉がぴったり当てはまるように見えた。そのグループは１年間探しても何も出てこないことがある。それだけではない。次の年もまたその次の年も出てこない。やっと見つけたと喜んでいると、すでに知られている物質だったりする。このようなことの繰り返しを辛抱強く行っている研究者たちを見ていて大村は決意した。

自分は他人が見つけた物質の構造決定などをしているが、これはきれいごとではないか。自分は物質発見の苦労をしない。これでは泥をかぶることをしないで、他人の成果の上に立って何かをやろうとしているだけではないか。世に泥をかぶらないで大きな顔をしているという言い方があるが、まさに自分がそうではないだろうか。よし自分も研究傍観者になっていないで泥をかぶる覚悟で新しい物質を見つける研究をしてみよう。そのころから大村は、物質の構造決定から新しい物質を発見する仕事へと考えもやり方もシフトするようになっていった。

何かにつけ大村の相談役になり、なにくれとなく支援してくれた人がいる。戦前から国立予防衛生研究所に勤務し日本抗生物質学術協議会の常任理事をしていた八木沢行正である。大村はある日、これからの研究をどう進めるか、何を切り開いていくべきか迷っていることを八木沢に打ち明けて相談した。八木沢は「大村さん、私が紹介するからアメリカに研究留学したらどうか。

アメリカで研究するとまた新しい視界が広がってくるよ」と言う。大村はまったく考えていなかったことだが、言われた瞬間に曇りガラスから見る景色のようにぼんやりとしていた視界が、にわかに晴れ渡っていくように感じた。ヨーロッパを回ったときの新鮮なあの感慨が改めてよみがえってきた。八木沢に聞けば、アメリカの研究風土はヨーロッパとはまた違った面があり、より刺激的で合理的な研究現場の風土があるという。

1971年3月のことである。海外に留学して研究してくるという提案に反応した大村は、手始めに1カ月の間カナダ・アメリカ旅行をすることにした。折しも抗生物質の国際会議がカナダのモントリオール近郊で開催されるので、そこに出席したあとカナダとアメリカの大学や研究機関何カ所かを回って見聞を広げながら、研究者として招聘してくれるところを探すことにする。

ほどなくカナダに渡った大村は、学会に出たあとケベック州のモントリオール大学、ボストンにあるハーバード大学、マサチューセッツ工科大学、コネチカット州ミドルタウンにあるウェスレーヤン大学などを訪ねて抗生物質を研究している教授らと交流を図った。これらの大学に研究留学を受け入れてくれるかどうかこれから交渉するのである。

アメリカへの留学を実現する

帰国後、大村はすぐに行動を開始した。好奇心が旺盛で天性の明るさを持っている妻の文子も、アメリカへの研究留学に積極的であった。大村は英文の手紙で改めて自分を売り込むタイプを打ち、5つの大学に郵送した。手紙を送ってすぐである。ウェスレーヤン大学の教授、マックス・

ティシュラーから電報で返事が来た。週給７０００ドルで客員教授として迎えてくれるというのである。そうしているうち他の大学からも返事が来た。思いがけない反響に大村はびっくりしたが、それもこれもアメリカの大学が大村の実績を評価したからだった。大村はすべての論文を英語で書いているし、訪問したときのプレゼンテーションもよかった。何よりも物質の単離、構造決定などで優れたスキルを持っていると評価されたのである。

大村は相手が提案してきている雇用条件をメモにまとめ、文子と一緒に比べてみた。問題は給与である。上は１万５０００ドルから下は７０００ドルまである。２倍以上違う。いずれにしても日本とは比べ物にならないくらいの高給だが、物価もまた日本とは比べものにならないくらい高いと聞いている。１ドル３６０円の時代であり、日本から海外へ行くときの外貨の持ち出しはわずか２００ドルしか持っていけなかった時代である。

文子は安月給でいつも汲々としていたせいか、無邪気に「一番お給料がたくさんもらえるところがいいんじゃない」などと言っている。しかし大村は、電報で返事をくれたウェスレーヤン大学のティシュラーの誠意に打たれていた。アメリカで初めて会ったときの印象もよかった。確信に満ちたティシュラーのしわがれた声がよみがえってきた。人間的な魅力を感じたのである。しかしそれは向こうも同じように感じたのかもしれない。大村の人をそらさない人柄と、明るい親しみの持てる笑顔に好感をもったのかもしれない。

ティシュラーが言ってきた給与は一番低かったが、身分は客員教授（Visiting Research Professor）となっていた。大村は「給料が安いからには、きっと何か別にいいことがあるに違いない」と言うと、文子は明らかに怪訝そうな顔をしている。いつもは大体文子の判断に従うのだが、このときばかりは自身の考えを頑として譲らなかった。なぜかと問われても理由はない。大村の勘だった。それが人生の岐路だった。大村は文子を説得し、ウェスレーヤン大学へ留学する決心をしてすぐに返事を書いた。この留学で大村の人生は、新たな研究分野への進展へと大きく舵を切っていくのである。

大村が返事を出すとティシュラーからすぐに歓迎するという手紙が来た。ウェスレーヤン大学は、コネチカット州ミドルタウン市にある。三方をニューヨーク州、マサチューセッツ州、ロードアイランド州に囲まれ大西洋に面した小さな州で、ミドルタウンは海からかなり入ったところに位置している。大村と文子は地図を広げて確認しながらまだ見ぬ異国の街に思いをはせ、渡米する準備を始めていった。

8月の暑い日であった。秦が大村に用件があると連絡してきた。秦の部屋に行ってみると渡米の準備はできたかと言う。万事に段取りのいい大村だから着々と準備ができているだろうと言いながら秦は改まって大村に言ってきた。

「大村君、アメリカ留学にあたって3つの約束をしてもらいたい。この約束ができないなら留学は許可しないよ」

もちろん冗談半分で言っているのだが、大村はやや緊張してしまった。秦が出してきた3つの条件とは次のようなものだった。

1つ目は北里研究所で見つけた化学物質を是非ともアメリカで売り込んでこいということであ

る。２つ目は、日本に帰ってくる際にはアメリカの公的機関などから、研究補助金を必ず導入してこいということである。そして３つ目は北里研究所の研究員の次の留学先を決めてこいということだった。大村と入れ違いにまた研究留学員を出したいという。

いずれも留学が初めての大村にとって難しい約束事である。大体、アメリカの研究風土も社会もよく分かっていない。化学物質を売り込んでこいというのは、このテーマの研究が発展するように共同研究者を見つけろという意味である。大村は「秦先生とのお約束ですから絶対に何とかしてきます」と言ってはみたが、そのときはまったく成算はなかった。しかし結果的に大村は、この３つの約束をすべて果たすのである。

第5章 ● アメリカの大学での研究生活

羽田空港から万歳に見送られて出発

１９７１年9月、大村はアメリカに留学するため羽田空港から出発することになった。目指すはコネチカット州ミドルタウン市にあるウェスレーヤン大学である。この時代、アメリカは最も輝いていた時代である。日本人の研究者や学生にとってアメリカへの留学は憧れの的でもあった。大村は人とのつながりやアドバイスをもとに持ち前の行動力を生かし、自らの生き方を切り開いていく秘めたエネルギーでアメリカへの留学を実現したものであった。

日本では首相の佐藤栄作が、長期政権の最後の場面を迎えて沖縄返還に意欲を燃やしていた。大村が出発する直前の7月、日本で旅客機事故が相次いで発生して大きな話題となっていた。7月3日には東亜国内航空のＹＳ－11機の「ばんだい号」が北海道・函館市郊外の横津岳に衝突して乗員、乗客68人全員が死亡した。同月30日には、自衛隊のＦ－86戦闘機と全日空ボーイング７２７型機が岩手県雫石の上空で空中衝突し、旅客機の乗員、乗客１６２人全員が死亡する大事故があった。飛行機には乗りたくないという心理が国民の間に漂っていた。

この年、カップ麺の先駆けとなる「カップヌードル」を日清食品が発売し、雑誌「ａｎ・ａｎ」や「ｎｏｎ－ｎｏ」を抱えた女の子が闊歩していた。「アンノン族」「脱サラ」などが流行語となる。また『日本人とユダヤ人』（イザヤ・ベンダサン著、山本書店）、『冠婚葬祭入門』（塩月弥栄子著、光文社カッパブックス）が評判となりベストセラーとなった。

大村が出発する直前、世界を揺るがす大きな出来事があった。ニクソン米大統領が金とドルの交換を一時停止すると電撃的に発表して、世界為替市場と株式市場が大混乱になった。アメリカのドル防衛措置であり世界的に洪水のようにドル売りが広がった。東京株式市場は前日比２１０円50銭下落して史上最大の大暴落となった。ニクソン・ショックと言われた出来事であり、長い間１ドル３６０円で固定されていた為替も変動相場へと移行して１ドル３０８円となった。日本人が外国へ旅行に行く場合、やや円高になって得することになり、外国への外貨持ち出しも１人３０００ドルまで増額された。

いつものように大村は早めに行動をおこして羽田空港に到着すると、荷物を預けて搭乗券を手にする。そのころから北里大学や北里研究所のスタッフらが続々と見送りに集まってきた。その当時、日本では人事異動で飛行機を利用するくらい遠くに赴任する場合や海外出張のときには、空港まで見送りに来る慣習があった。飛行機に乗ること自体珍しい時代であり、まして海外へ出かけるのは垂涎の的になっていた。

大村夫妻を取り囲むように人の輪ができてきた。北里研究所所長の水之江公英や前所長で大村のボスでもある秦藤樹の顔も見える。２人の大物が見送りに来るということは、大村のアメリカ留学は北里研究所をあげて期待していたからであった。現所長と前所長が来るというので研究所のおもなスタッフはみな顔を揃えることになる。大村の人柄がこのようなときによく出てくる。たちまち黒山の見送り人の中心に立たされた大村と首に折鶴のレイをかけられた妻の文子は、照れくさそうな表情をしながらも笑顔で誰かれとなく挨拶をしている。秦と別れの握手をしたとき「大村君、３つの約束を忘れるなよ」と耳打ちされる。大村は元気な声で「分かりました」と答えて強く秦の手を握り返した。いよいよ出発となると恒例の万歳三唱である。見送り人たちのひときわ大きな万歳の大合唱に送られて大村夫妻は出国窓口へと向かっていった。

ほどなく機中の人となった大村は、アメリカに向かって飛んでいる上空で、北里研究所の抗生物質研究室の将来のことや自分自身の身の振り方、ウェスレーヤン大学での研究生活への期待と不安などさまざまな思いが交錯した。そのときの複雑な気持ちで飛行機の窓から眺めた情景は、長い間大村の胸の内に焼き付いていた。

メソジストの信徒と市民で創設したウェスレーヤン大学

ウェスレーヤン大学のあるコネチカット州ミドルセックス郡ミドルタウン市は人口が4万人ほどの街であった。州の中央部、コネチカット川沿いに位置しており、州都ハートフォードからは南に26キロのところにある。面積は約１０６平方キロメートルだから東京都23区で最も面積の広い大田区と2番目に広い世田谷区を合わせたほどの広さである。アメリカの広大さがこれだけでも分かる。ニューヨークのジョン・Ｆ・ケネディ空港から車でちょうど2時間の距離である。

アメリカの多くの町はヨーロッパからの開拓民が入植し、地元の先住民との紛争の歴史を繰り返しながら作られていったが、ミドルタウンも例外ではなかった。１７００年代には、この町はコネチカットの中で最も繁栄する開拓地となる。アメリカ独立戦争のときミドルタウンは、ボストン、ニューヨークと並ぶ繁栄した港町となる。その一方で奴隷の多い町としても知られていた。１８００年代になって米英戦争が始まり貿易制限もあって港は衰退した。しかしこの町には銃の製造工場があり政府に拳銃の多くを供給する役割もあった。しかし銃の製造はその後、別の都市へと移っていく。そのような町の沿革の中でウェスレーヤン大学が設立されていく。

同大学の資料によると１８３１年にキリスト教のメソジスト派の信徒と土地の人々によって設立された高等教育機関であった。メソジスト派は、イギリスのジョン・ウェスレー（John Wesley）が創設した宗派でありプロテスタントである。ウェスレーは、１７０３年生まれで18世紀の英国国教会のキリスト教司祭である。ウェスレーは弟とともに学生生活を律するためにグループを作って活動を始めたもので、メソジストという名称は日課を区切った規則正しい生活方法（メソッド）を推奨したことから彼らをメソジスト（几帳面な人）と呼んだことが起源である。

規則正しい生活が実践できているかどうか、互いに報告し合う規律を重んじており、学校や病院の建設、貧民救済などの社会福祉でも熱心な活動を行ってきた。ウェスレーヤン大学の名称は、この創始者のウェスレーから取った名前である。ちなみにジョン・ウェスレーが布教している姿の等身大のブロンズ像が、東京の青山学院大学の構内に建立されている。

ウェスレーヤン大学は、アメリカ東部の典型的なリベラル・アーツ・カレッジ（Liberal Arts

College）である。リベラル・アーツとは、人文科学、社会科学、自然科学など一般的な教養を意味しており、これらの知識を身に付けるように教育する大学がリベラル・アーツ・カレッジである。カレッジを出た後に神学、法学、医学などの専門課程に進学するための基礎的な教育をする大学であり、高邁な理念に基づいて少人数の指導を行い基礎的な教養を磨く大学ということになる。ウェスレーヤン大学も、広くものの考え方や見方を養うことに重点を置いて指導し、全寮制少人数教育を特徴とする大学として発展していった。大村が赴任したころには、すでに東部の名門大学となっており、入学するのは非常に難しい大学になっていた。大学出身者には有名な映画監督、音楽家、写真家、ジャーナリスト、芸術家が多く、歴代の教員の中にはピューリッツァー賞を受賞した人が何人もいることでも知られていた。

気さくだが化学界の大物だったティシュラー

ウェスレーヤン大学の広大なキャンパスには、伝統を感じさせるレンガ作りの古風な建物が点在し、目の覚めるようなグリーンの芝生と真っ青な空がくっきりと輪郭を縁どりしている。まるで絵葉書のような景色だった。大村はキャンパスを取り巻くアカデミックな雰囲気と日本では見られないスケールの大きい自然環境に眼を奪われ、改めてウェスレーヤン大学を選択したことに間違いなかったという感慨に浸った。このような環境で研究ができることに心底満足だった。

大村を客員教授として招聘したのは、ウェスレーヤン大学の教授、マックス・ティシュラーだが、彼は１９０６年生まれだから大村が赴任した当時、すでに65歳になっていた。ティシュラー

ウェスレーヤン大学客員教授のころ、マックス・ティシュラー教授と（1972年）

家はヨーロッパからボストンに渡った移民一家であり、彼は6人きょうだいの5番目に生まれた。靴屋の父はティシュラーが5歳のときに家族を捨てて失踪し、それ以降息子たちはパンや新聞の配達をして家計を助けながら大学まで出た苦労人だった。タフツ大学で化学を学び優秀な成績で卒業し、ハーバード大学に進学する。同大で化学の修士号と有機化学の博士号を取得する。そして3年間ハーバード大学で教員をやったあと製薬企業のメルク社に就職した。

メルク社は1827年に創始者エマニュエル・メルクがドイツで創業した企業で、その孫ジョージ・メルクが1891年にアメリカに進出し、ニューヨークでメルク社を設立して事業を始めた。事業は順調に拡大し、やがて世界トップの製薬企業に成長していった。今では世界140カ国以上で事業を展開している多国籍医薬品企業であり、ファイザー社に次ぐ業界2位にある。

ティシュラーがメルクに入社したとき、最初に仕事をいいつかったのは、大量のリボフラビン（ビタミンB_2）を安価に作る方法の開発だった。彼はその仕事を成し遂げ1940年代に副腎皮質から分泌されるホルモンの一種のコルチゾンの大量合成法の開発にも成功する。副腎皮質ホルモンは、炎症性疾患の治療に用いられ劇的な改善効果を生むことが多く、メルク社の主要製品の一つへとつながっていった。ティシュラーはその後、メルク社の研究開発者として次々と実績を上げて研究所長にまで上り詰めていく。そして１９７０年、64歳のときにメルク社を退社してウェスレーヤン大学の教授に転進する。そのような大物教授からの招聘は、大村にとっては非常に幸運だった。ティシュラーのおかげで彼の人生は思わぬ方向へと大きく好転していったからである。

広くて立派な教授専用宿舎に驚く

キャンパスの芝生を踏みしめ、大村と文子は招聘してくれたティシュラーの部屋に挨拶に行った。しわの多い顔の眼鏡の奥で眼光が鋭く光っている。しわがれた声を聞くと最初はとっつきにくそうに思えるが、ティシュラーが発する言葉は優しさにあふれている。「困ったことがあったら、何でも遠慮なく言って欲しい」という言葉は、文字通りティシュラーの人柄そのものを語っているように大村夫妻は感じた。

大村夫妻があてがわれた宿舎は、ウェスレーヤン大学の教授専用宿舎の２階であった。日本では考えられないような広々とした部屋であり、家具も一通りそろっており、当時日本では見かけない大きな冷蔵庫が備え付けになっていた。大村が当初、留学先として検討していたアメリカの大学には、有名大学がいくつも並んでいた。待遇を比べた結果、よりによって一番給料の安いウェスレーヤン大学を選んだのだが、大村は文子に「この街の環境と宿舎だけでも、この大学を選択して間違いではなかった」と語ったことがあった。これには文子も納得した顔をしていた。

大学の研究室に出勤してみると、ここでも大村がびっくりする待遇が待っていた。客員教授という肩書をもらってはいたが、その肩書に恥じないような立派な個室が用意されていた。研究に使用する試薬や器具は各研究室との共用として一通り用意されており、使うときは伝票処理さえすれば自由に使うことができた。日本ではまだ珍しかったNMRもあるし、さすがにアメリカの大学は違うなという感じがした。北里大学薬学部の助教授だった自分とは違う自分がいると錯覚するのを覚えた。

大村は大学で研究しているとき、北里研究所のボスで大村をアメリカに送り出してくれた秦との3つの約束を忘れまいとしていつも心の中で意識していた。その1つが研究に当たっては北里で見つけた化学物質をアメリカで売り込み、研究を広げてこいというものである。大村は、セルレニンとロイコマイシン、そしてプルマイシンの研究をやってこようと思っていた。いずれも北里研究所で発見した抗生物質であり、単離したセルレニンとロイコマイシンの試料を日本から持参していた。化学構造や有用性についてはまだ未解明な部分が多く、研究したいことはいくらでもあった。

研究テーマについて、大村はまず、セルレニンの研究に取り組んだ。セルレニンは、真菌の中の不完全菌類に属する菌が産生する抗真菌性の化学物質である。大村はセルレニンが脂肪酸の生合成を阻害するということまでは実験で突き止めていたので、それを発展させてこの物質がどのようなメカニズムで作用するのかを明らかにしてみたいと思っていた。結果的にそのセルレニンの研究から素晴らしい研究人脈が広がっていく。いい仕事をすればいい研究仲間に出会える。高いレベルの研究者と交流ができれば、おのずと自分も高いレベルへと成長していく。その体験は大村の研究人生に後々まで多くの影響を及ぼした。

ウェスレーヤン大学に着任してみるとティシュラーは化学界のボスというほどの実力者であり、彼の人脈が非常に広いことが分かった。教科書に出てくるような有名な人たちが研究を支援してくれたし共同研究仲間でもあった。このような研究者がティシュラー研究室にもよく訪ねてくる。ティシュラーの経歴と過去の業績を見れば、化学分野の大物研究者が訪れることは当たり前であったが、そんな環境で研究したことがない大村は驚くばかりだった。

ティシュラーは、研究者が来訪すると決まって大村の研究室にも連れてきて紹介した。それがびっくりするほどの有名な研究者であろうとなかろうと「日本の北里研究所から来ているドクターオオムラ」として対等の身分であるような紹介をする。一通りの挨拶をした後は、お互いの研究内容の話になるが、化学物質の単離や構造決定など同じ化学の分野で研究している研究者とは話が弾むことがある。大村はその人脈を大事にしながら研究領域も広げていった。日本では一介の助教授として教授連中の下でかしこまっているのに、アメリカではボスの教授が次々と大物研究者を紹介してくれる。その研究環境に最初は戸惑っていたが、ティシュラーの人をそらさない人柄が好きになり、大村はたちまち研究室の空気になじんでいった。

招聘された年の１９７１年の秋である。ティシュラーの紹介で知り合ったファイザー社のＷ・セルマーという小児の呼吸器感染症や肺炎に効力があるオレアンドマイシンという抗生物質を発見した研究者から電話が来た。ハーバード大学教授のコンラッド・ブロックが自分の研究室に来るので紹介したいから、こちらまで来ないかという誘いである。大村は驚いた。ブロックは脂肪酸の研究領域の業績を認められて1964年にノーベル生理学医学賞を受賞した権威であり大村から見れば雲の上の研究者である。その人を紹介するという。セルマーが大村をブロックに紹介したいと思ったのは、ブロックが脂肪酸領域の研究の第一人者であり、大村も同じテーマで研究しているのでこの研究者に会わせてやろうという好意からであった。ファイザー社のアメリカの拠点ともいうべき大工場と研究所が、ミドルタウンの隣の海岸に面しているグロトン市にあった。大村はノーベル賞受賞者に会えるということから心を躍らせてファイザー研究所へ向かって車を走らせた。

ファイザー研究所のセルマーの部屋で大村が出会ったブロックは、59歳の温和な非常に落ち着いた雰囲気を持っている紳士だった。ブロックは、ドイツのフェオドル・リネンと共同でノーベル生理学医学賞を受賞したもので、受賞理由は「コレステロールおよび脂肪酸の生合成の機構と調節に関する研究」であった。ブロックと型通りの挨拶をし、お互いに研究領域の話題を話し合った。相手はノーベル賞受賞者であるから、いま相手が手がけている研究内容を聞くというようなものではない。大村は英会話にまだ慣れていなかったが、普通に接していれば不自由なく会話もできる。科学者として共通の領域の研究をしている場合は、専門用語を使って会話ができるので言語の壁はほとんどなくなる。

大村はごく自然に北里研究所で手がけたセルレニンの研究を思い出しながら、いま取りかかっている研究内容を話した。そしてセルレニンの構造を決定した後、再度抗菌スペクトルを見直したところセルレニンはきわめて広い抗菌および抗真菌スペクトルを持っていることが分かった。この構造がコレステロールの生合成中間体と似ていることから脂質の生合成を阻害しているのではないかと見当をつけ、構造を決めるために使った残りのサンプルを同僚の野村節三に渡し共同研究を開始した。研究の結果は、セルレニンは脂肪酸の生合成の特異的な阻害剤であることが判明した。当時、タンパク質、核酸、細胞壁などの生合成を阻害するものは多く知られていたが、脂肪酸の生合成を阻害するのは、このセルレニンが初めてであった。大村は、ブロックにこう言った。

「私たちの研究では、セルレニンは脂肪酸の生合成を阻害するという実験結果が出ています。それがどのようなメカニズムで作用するのか、ウェスレーヤン大学で詳しい研究を始めています」

ブロックは身を乗り出さんばかりに興味を示して聞いている。ブロックは脂肪酸の生合成の機構と調節に関する研究でノーベル賞を受賞した研究者である。多分、大村が語った知見は、ブロックにとってはまだ知られていない事実だった可能性が高い。ブロックはいくつか専門的な質問をしてきたが、大村はセルレニンのことはよく分かっていたので無難に応対していた。ブロックが言った。

「ドクターオオムラ、セルレニンが脂肪酸の生合成を阻害することが真実なら大変なことになる。われわれの研究室でも是非、これを確かめたいのでサンプルをもらえないか」

ゆっくりとしてはいるがしっかりした口調で言った。ブロックのその言い方に大村は、ことの重大性を感じた。大村は日本から持参していた２００ミリグラムほどのサンプルを準備して持っていた。その中から10ミリグラムほど小分けしたものをブロックに渡した。

それから2、3カ月経ったころである。大村がいつものように研究室で実験をしていると、ティシュラーの秘書が大村を呼んでいる。ブロックから電話がかかっているというのだ。急いで駆け付けて電話に出てみると、ブロックは覇気のある口調でこう話した。

「ドクターオオムラ、セルレニンは確かに脂肪酸の生合成を阻害している。われわれの研究室でもはっきり分かった。目下いくつかの脂肪酸の生合成系で確かめているが、大変興味ある物質だ。もう少しサンプルを必要とするので提供してもらえないか。これから共同研究を進めよう」

この電話のことを大村は後々まではっきり覚えている。ノーベル賞受賞者の研究者から直々にもらった自分の研究成果が正しかったとするお墨付きであるばかりか、共同で研究しようという提案である。

セルレニンの研究でハーバード大学にもデスクを置く

生物から単離される水に溶けない物質を脂質と総称している。脂肪酸は脂質をつくっている成分である。脂肪酸は、化学的構造から二重結合の数によって大きく3つに分類できる。二重結合がない飽和脂肪酸、二重結合が1つの1価不飽和脂肪酸、二重結合を2つ以上含む多価不飽和脂肪酸である。このような化学物質の分類によって、セルレニンはどう働くのか。大村はブロックと共同研究を進めてセルレニンが脂肪酸生合成の最初の段階で働く縮合酵素を阻害することを確かめ、野村を共著者に加えて学術誌の「BBRC（Biochemical and Biophysical Reserch

Communications)」に投稿した。

セルレニンはその後の研究で、脂肪酸の生合成を阻害する唯一の化学物質であることが分かってくる。脂肪酸生合成で重要なステップである縮合酵素を阻害するので、脂質代謝の研究には欠かせない物質になるのである。大村はその後、ハーバード大学のブロックの研究室を訪ねセルレニンに関する共同研究をするようになる。ブロックは、海外の研究室で意欲的に仕事に取り組んでいる大村と自身の研究歴を重ね合わせながら、好意的に見るようになっていた。

ブロックは、１９１２年にドイツで生まれたユダヤ人であり、１９３４年にミュンヘン工科大学を卒業した。その2年後にナチスの弾圧を逃れてアメリカにわたり、コロンビア大学で生化学を研究した。その後、シカゴ大学の教授を務め、１９５４年に42歳の若さでハーバード大学の生化学教室の教授となった。重水素や炭素14を用いてコレステロールの生成のメカニズムと調節機構を解明し、酵素による不飽和脂肪酸の生合成の研究を行っていた。それらの一連の研究成果でノーベル賞を受賞するのである。

大村は折に触れて、ハーバード大学のブロックの研究室を訪問するようになる。セルレニンの研究を発展させたいという意欲があったからだが、世界のトップクラスの研究者が集まっているハーバード大学の雰囲気をじかに味わってみたいという好奇心もあった。このように何にでも積極的に自分を適応させていこうとする意欲は、大村の持って生まれた天性の才能でもあった。

大村がブロックの研究室を訪問したとき驚いたことがある。これがノーベル賞を受賞するほどの大先生の研究室かと驚くくらいの規模で、研究の機器類は紫外線（ＵＶ）スペクトロメーターと酸性やアルカリ性をはかる「物差し」のようなものであるPHメーター程度で、当時の北里研究所で大村に与えられた研究室の実験器具類とさして変わらないものであった。大村はそのとき強く思った。研究というものは器具や装置ではない。やはり頭で勝負するものなのだ。そのときの強烈な印象がその後の大村の研究哲学を形作っていった。

ブロックの研究室を訪問すると彼はいつも歓迎してくれた。研究内容について討論したり研究情報を交換するようになる。ほどなくしてブロックが研究室の一角にある机の前に大村を連れていき、こう言った。

「君のデスクを用意した。ハーバードに来たときには、このデスクをいつでも使ってほしい」

この申し出に大村はいたく感激した。一流の研究者はかくも違うものなのか。セルレニンが脂肪酸の生合成を阻害しているという知見を初めて示してくれた研究者仲間を大切にしようとする気持ちがあふれている。ウェスレーヤン大学に籍を置きながらハーバード大学のブロック研究室の一角にも机をもらう栄誉に浴し、大村は研究者の国際交流について非常に貴重な体験をしたと思った。

大村はハーバード大学の研究室によく通い、何人かの研究者と情報を交換したり意見を訊く機会が増えていった。いつの間にか多数の研究仲間と友人関係になり、ブロックともすっかり打ち解けて話ができるようになり、あるとき思いたってブロックに訊いてみた。セルレニンの共同研究者である野村をアメリカに招聘してほしいという要請である。日本を出発する直前、秦と取りかわした約束の1つである。ブロックは大村の要請を真摯に受け止め、野村のハーバード大学への留学の手筈を整えていった。こうして野村のハーバード大学への留学が決まる。大村は秦と交わした3つの約束のうち、セルレニンの共同研究と野村の留学実現で2つまでを早々に果たしてしまった。

ウェスレーヤン大学での研究生活は、非常に順調にいった。生活環境にも慣れ研究も発展している。大村はウェスレーヤン大学では講義も行ったが研究についてはボスのティシュラーが「自分の好きなようにやってほしい」と言っていた。大村は、セルレニンの作用のメカニズムの解明だけでなく、ロイコマイシンの化学的な変換については、北里研究所の中川彰と連絡を取りながら共同で研究を進め、プルマイシンの構造決定はウェスレーヤン大学の博士課程の学生やポスドク（博士号取得後の研究者）らと一緒に進めていた。

生活環境に対しても大村夫妻は非常に満足していた。教授専用宿舎の家賃は無料だし、宿舎の玄関の前には観賞果実でバラ科のピラカンサスが植えられていた。冬になると赤い実がなり、そこに氷がはりついて美しい光彩を放っている。同じ建物の1階には韓国から物理の教授が来ていて、よく2階の大村夫妻にキムチを差し入れてくれた。1階に行くとキムチのにおいが漂っていたので最初は戸惑っていた大村たちも、差し入れをもらううちにすっかりキムチ好きになってしまった。

キャンパスで人気者だった妻の文子

大村と一緒に渡米した文子は、最初、英語は読めるがよく喋れないというジレンマに悩んでいた。それを聞いたティシュラーの計らいで、街の小学校で夜間に移民を対象としている英会話教室に通うことになる。この地方は移民を積極的に受け入れており、移民の子どもたちが多いこともあって英会話教室は盛況である。文子は英会話教室でたちまち日常会話をマスターし、持ち前の明るい性格も手伝ってコミュニケーションが広がっていった。やることに思いっきりがよく、そのうえ、人の気持ちをそらさない持ち前の気性はアメリカ人に受けて、キャンパスの人気者になった。

ティシュラー研究室の研究スタッフと職員たちは、家族ぐるみで付き合っている。大村夫妻もたちまちその一員に加わり付き合いが広がっていった。大村は彼らを自宅に招いてはホームパーティをする。そんなとき文子はかいがいしく働いて歓待するのだが、大村は文子を手伝うこともなくソファにふんぞり返って会話を楽しんでいる。招待された人たちは最初いぶかっていたが、これが日本式と分かってからは、客たちは男性も女性も文子の手伝いをするようになり、大村も否応なく手伝いに加わるのでパーティはいっそう盛り上がった。

文子は嘉悦学園短期大学（現、嘉悦大学）の卒業生であり、学生時代に身に付けた実学の精神がアメリカの生活でも発揮された。この学園の前身は、江戸時代から明治時代にかけて弟子たちを実学指導した思想家、横井小楠の高弟である嘉悦氏房の娘の孝によって創立された東京女子商業学校である。同校は女子にも自立できる技能を持たせることを目標としていたので、文子は子どものころから習得したソロバンが得意だった。

あるときウェスレーヤン大学化学科の教室で、サークルが終わっているのに文子が中心になって何かをやっている。大村がのぞいてみると、文子が学生や職員を相手にソロバンを教えている。日本から取り寄せたソロバンを与えて、ソロバン教室を開いている光景には大村もびっくりした。嘉悦学園時代の恩師である関ちかから送られてきた英語のソロバン指導書が役立ったようだ。コンピュータと文子の暗算とどちらが速いか競争することもあった。足し算、引き算、そして簡単な掛け算と割り算は、いずれも文子が勝ってしまう。そんなときは家に帰ってくると得意満面で自慢して聞かせ、大村を楽しませた。スーパーマーケットに行ったとき停電になりレジが動かなくなった。レジ係が困っていると、文子は得意の暗算でたちどころに買い物客の支払額を計算してみせる。周囲で見ているアメリカ人たちは一様に驚く。そのときの文子の子どものような得意顔を大村は忘れることができない。

ブリの刺身パーティもよくやった。ファイザー研究所のあるグロトンは海に面している。ハーバード大学教授のブロックを紹介したファイザーの研究者のセルマーが持っている全長20メートルのボートを飛ばしてブリ釣りに出かける。あめ色のゴム管に太い針金の釣り針を付けただけの簡単な仕掛けだが、これがまたよく釣れる。一度に２匹、３匹もかかってくることがある。文子が大騒ぎをしながら引き寄せ、釣ったブリはすぐにさばいて自宅に持ち帰り、刺身パーティとなる。

大村は日本食以外はほとんど食べない。ランチも文子手製の弁当である。昼食時になると文子がお昼のセットが入った段ボールを抱え、キャンパスを歩いて届けに来ることが日課となった。あるとき、大村の研究室にティシュラーと文子の２人がやってきた。文子は手ぶらだがティシュラーは段ボールを抱えている。まるで文子がティシュラーを従者として従えているような光景である。大村はびっくりして事情を聞いてみると、段ボールを抱えて歩いている文子に出くわしたティシュラーが、自分が持ってあげると段ボールを取り上げ、大村に配達に来たことが分かった。ティシュラーの茶目っ気だったが大村は恐縮するばかりだった。

アメリカ滞在中は2人とも健康で医者に行ったことがなかったが、一度だけ文子が高熱を出してうわごとを言い始めたときには大村も驚いた。真夜中のことで相談する人もいない。ともかく車で街中を探し回り、やっと見つけたドラッグストアでアスピリンを買って飲ませた。翌日には平熱になって活動を始めた。また文子は生涯で一度だけ、ゴルフを楽しんだことがある。ミドルタウン郊外にあるゴルフ場で、カート付きであったが文子ははしゃぎながらコースを回った。帰国後は日本のプレーフィーが高いので出かけようとはしなかった。

ティシュラーが主導するセミナーやシンポジウム

大村がウェスレーヤン大学に留学した翌年の1972年、ボスのティシュラーが全米化学会の会長に選出された。会員10万人余を擁する世界一規模の大きな学会の会長である。ティシュラーは、メルク社の研究所長（副社長）をした経歴があり、メルク時代から化学の基礎的な研究で大きな実績をあげていたので学会でもよく知られていた研究者である。そこへ学会の会長就任によって、ティシュラーを訪ねてくる研究者がまた増えていった。ボスが忙しくなったため、研究室の面倒はティシュラーの要請で大村が見るようになる。

そのような研究生活の中で親交を結ぶようになった一人に、後のメルク社の会長となるロイ・バジェロスがいる。当時バジェロスはミズーリ州セントルイス市にあるワシントン大学医学部の教授であり、彼とはその後深く仕事で関わるようになる。

ワシントン大学は１８５３年創立された大学で、設立したころはエリオット・セミナリーと呼ばれていたが、その後アメリカ合衆国の初代大統領ジョージ・ワシントンにちなんだワシントン大学と名前を変更する。７つの大学院と学部を擁し全米でトップレベルの大学である。超難関大学の一つとして知られていた。特に医療、社会福祉、都市・建築などの分野が有名であり、医学部からは数多くのノーベル賞受賞者を輩出している。アメリカ西海岸のワシントン州立大学と混同されるため大学名の後ろに「イン・セントルイス（in St. Louis）」とつけるようになる。

バジェロスはその後、大学教授からメルク社の研究所長、社長、会長になる人だが、大村は出会った後に急速に親しくなり、ファーストネームでロイ、サトシと呼び合う仲になる。その後バジェロスがメルク社の会長になったとき、大村はメルク社から高額の特許ロイヤリティをもらうようになり、大村はつくづく不思議な縁を感じるようになる。

その他にもセルレニン研究のおかげで著名な研究者たちとゴルフ仲間になるような機会もあった。その代表的な人が生化学の教科書として世界的に使われている『コーン・スタンプの生化学』の著者の一人であるポウル・スタンプである。どちらも分子・細胞生物学者として有名な研究者だった。『コーン・スタンプの生化学』は、化学を勉強する学生にとっては、一度は手にする教科書である。そのような著名人とゴルフ場で知り合いになり、アメリカならではの研究生活を実感することもあった。

ティシュラー研究室では定期的に開くシンポジウムがあった。「ピーター・リアマーカー・シンポジウム」という名前であり、このシンポジウムにはノーベル賞受賞者のような素晴らしい業績を残している研究者が次々と呼ばれて講演していた。ティシュラーの下にピーター・リアマーカーという若い優秀な研究者がいたが、彼がある日交通事故で亡くなったことを悼み、ティシュラーが創設したシンポジウムである。若い研究者が絶えず勉強できるようにと資金を出して開いていたもので、ノーベル化学賞を受賞したハーバード大学教授のロバート・ウッドワードが来て有機合成法について講演したときには、大村は非常に感銘を受けた。

ウッドワードは、ペニシリンなどの抗生物質やフグ毒のテトロドトキシンなどの天然化合物の構造決定やコルチゾンなどの合成に成功し、合成の法則を発見した業績で１９６５年にノーベル賞を受賞した。大村はこのような学術的なシンポジウムに刺激され、帰国してから2年後に北里大学薬学部教授に昇進したとき、その記念にＫＭＣ（Kitasato Microbial Chemistry）セミナーを創設した。リアマーカー・シンポジウムに倣って内外の著名な研究者を呼んで学術的な雰囲気のセミナー開催を続け、２００８年3月18日には５００回記念セミナーを開催するまでになる。その間、外国から招いた演者は3分の1以上の１７８人にのぼった。著名な学者、研究者を呼んで講演してもらうだけでなく、学生にも発表の機会を与えて学問へ取り組む動機をつかむように心がけた。

このセミナーのポスターは、第1回目から例外なくオレンジ色の紙を使っている。大村は「オレンジ色は黒の上にあっても赤の上にあってもどこでも目立つ色である。英語で書いたのも、最初から多くの外国人を招待しようという意気込みからだった」と言う。色にこだわる点は、美術に造詣の深い大村らしいセンスである。

大村は後年、折に触れてティシュラーとの出会いから始まった国際的な研究者交流の体験を後輩の研究者に語って聞かせることが多くなった。それはセルレニンの研究で大村が体験したことがあまりに劇的であり、大きく研究交流の輪として広がっていったからである。人と人の交流で得られるものほど大きくて大事なことはないということを自らの体験を通して熱く語るようになる。

マックス・ティシュラー夫妻と（1973年）

ウェスレーヤン大学時代に出会った日本人研究者の中で親交を深めた人に、物理の客員教授として招聘されていた佐柳和夫がいる。同じ客員教授ということもあって、2人でよく飲みに行った。佐柳は版画に興味を示したので大村は、版画の知識を伝授して手ほどきしたつもりでいたが、いつの間にか大村を追い越してしまい版画の専門家になってしまった。佐柳はいろんな美術館で版画の講演会を行ったり版画の鑑定をやるほどに力をつける。2人は版画を収集するときは、佐柳は英泉を大村は広重をというように買う範囲を分ける約束までするようになる。

帰国せよとの下命が北里研究所から来る

ウェスレーヤン大学での研究生活も2年目を迎え、大村はますます研究への取り組みに脂がのってきた。客員教授の任務は3年の予定であったが、3年たったらどうするか妻の文子と折々に話をすることもあった。もしティシュラーの許しがあるならこのままウェスレーヤン大学に残って研究生活をしてもいいし、大村がその気になれば他の大学から引きが来て異動できるかもしれない。研究環境を考えると日本で研究をするよりもアメリカでする方がはるかに恵まれていた。アメリカの良い環境のもとで研究を続けていたいというのが大村の本音であった。

1972年の暮れ近くである。大村が研究室に出勤して郵便物を整理していると北里研究所所長の水之江から1通の手紙が届いていた。読んでみると大村のボスである秦藤樹が定年を迎えるので、その後を継いでほしいという内容である。招聘は2年で切り上げて早く帰るようにという催促であった。大村はアメリカで研究生活をしているものの、原籍は北里研究所にある。その所長からの要請とあらば従わなければならない。

その年の秋口、日本の友人が大村の研究室を訪ねてきたとき大村は「ずっとアメリカで研究を続けていきたいなあ」とつぶやいたのだが、それが水之江のところまで伝わったのかもしれない。大村は帰国するべきかどうか改めて考えた。北里研究所に就職した当時のことから思い起こしてみた。秦の黒板拭きをやったり論文の下書きをしながら修業した当時から、一人前の研究者として認められ北里研究所の期待を担ってアメリカに来た。羽田空港で万歳三唱された照れくささを思い出しながら、秦と約束した３つのことをもう一度思い起こしていた。

妻の文子とも話し合ってみたが、文子はアメリカ生活に慣れたこともあって、もう少しこちらにいたいと言う。ウェスレーヤン大学に溶け込んでしまった２人の思いは同じだが、北里研究所所長の要請を断ることはできないという結論になり帰国を決意する。そのとき大村は、秦から下命された３つの約束のうち最後の約束を果たさなければならないと思った。３つ目の約束は、帰国するときに研究費をアメリカから導入してこいという要請である。このまま手ぶらで帰国しても、北里研究所には研究費がなかった。

当時、日本の有識者たちからは「日本の科学者は独創性に欠ける」と言われていた。大村はアメリカでの研究生活を送るうちに、その原因の一つは研究費の額の違いにあるのではないかと感じるようになっていた。日本の研究費はアメリカの１００分の１くらいに大村には見えていた。実際には１９７０年当時で20分の１くらいだったが、実情はものすごい格差として映っていた。まだ日本では企業との共同研究はタブーのように言われており、産学共同研究は悪という雰囲気が大学には蔓延していた。

アメリカの研究者は、どの人にも貪欲にできるだけ研究費を集めてきて仕事をするという思想がある。これに対し日本人は、あてがわれた範囲内で研究していこうという考えが強い。これでは勝てないと大村は思った。外国人と対抗できる仕事をするには、研究費が大きな比重を持つことになる。日本でもアメリカと同じレベルの研究をするならば、企業から研究費をもらうしかないと大村は考えた。

大村は帰国の決意をすると、直ちに研究資金を取り付けるための行動を始めた。幸いコネチカット州の周辺には、多くのメジャーな製薬企業やその研究所が点在している。それまでの研究交流やゴルフ仲間として付き合いが広がった人脈もある。大村はフォードの大型車に乗っていたのでその車で企業回りすることにした。文子に運転手役を頼むが、車の前から見ると小柄な文子は顔だけしか見えず子どもが運転しているように見える。研究費確保のため遠方の製薬企業を車で訪ね回ったときには文子が運転したり道案内をしてくれたので、研究資金の提供交渉という難しい話をしなければならない大村は「気持ちの上で非常に救われた」と語っている。

大村が製薬企業に提案した共同研究方式は、以下のようなものであった。日本へ帰国した後も研究を続けたいが研究資金が不足している。共同研究という形で資金を提供してもらえないか。まず大村が創薬につながる微生物由来の天然化学物質を見つけて特許をとる。特許の専用実施権は企業に与える。また見つけた化学物質と研究成果は提供するので、製薬企業はそれをもとに薬を開発してビジネスにする。ビジネスになった場合は特許ロイヤリティを大村に支払う。ただし企業は、特許が要らなくなったら大村に返還する。

これは研究者と企業のウイン・ウイン関係が明快な提案内容である。この提案はアメリカでも「大村方式」と言われるようになり非常に合理的な方法だった。大村夫妻が回った企業や研究機関は、ＮＩＨ（米国国立衛生研究所）、ファイザー社、ブリストルマイヤーズ社、アボット社、シエーリング社、アップジョン社の６カ所であるが、この提案にはどの製薬企業も賛成して研究資金を提供するための契約に応じるという反応だった。

問題は研究資金の額である。大村の話を聞いたティシュラーは、自分の古巣であるメルク社に連絡して大村との交渉を勧めた。すぐにメルク社から２人の社員が大村を訪ねてきた。話を聞いてみると研究費用としてメルク社から８万ドル（当時の日本円に換算して約２４００万円）を向こう3年間提供する用意があるという。ティシュラーの口利きが効いたのである。最終的には東京へ交渉に来たメルク社のボイド・ウッドラフとの交渉で具体的に決まるのだが、ほかの企業からの提案は年間２００万円とか３００万円であった。それに比べてメルク社の提案はケタが違っていた。そうなったのもティシュラーが大村の仕事振りと人柄を売り込んでくれたためである。この男なら必ずいい仕事をやる。

具体的にどのような共同研究にするかは、大村の帰国後に詳細を決めることになる。

こうして大村は帰国後の研究費用のめどが立ち、秦との約束もすべて果たしてウェスレーヤン大学を去ることにした。大村は帰国するに当たって記念に持って帰りたいと思うものがあった。それはティシュラーの研究室に貼ってあった漫画である。ティシュラーが新聞の漫画を切り抜き、そこに大村と文子の名前を自分で書き込んだものだ。大村がゴルフをし、その脇でキャディ役の文子がソロバンをはじいている。２人の雰囲気が実によく出ている。大村はその漫画が気に入っていた。ティシュラーのユーモアのセンスが、この1枚の漫画にすべてこめられていると大村は思っていた。大村がこれを持って帰国したいと言うと、ティシュラーは喜んで持たせてくれた。

１９７３年1月、多くの思い出と研究実績、そしてアメリカの研究者たちとの人脈を作った大村と文子は、後ろ髪をひかれる思いでミドルタウンを後にした。2年に満たない短期間であったが、この間に大村がティシュラーと共著で発表した論文は6編にのぼっている。素晴らしい仕事振りだった。ウェスレーヤン大学時代のすべてが大村のその後の研究活動の推進力となっていく。

第6章 ◉ 企業から研究費を導入して研究室を運営

帰国後からメルク社と具体的交渉を開始

１９７３年の1月に日本に帰国した大村は、北里研究所抗生物質室長となり、渡米前と同じ北里大学薬学部助教授兼任で復帰した。日本は田中角栄内閣であり、列島改造論に乗って景気は上昇し、物価も平行して上がっていく。変動相場制に移行した円が急上昇して1ドル２６４円になる。この年は第４次中東戦争で石油危機を招き、モノ不足になるとのうわさから消費者がトイレットペーパーや洗剤の買いだめに走るという社会現象があった。アメリカで快適な生活をしていた大村も、帰国すれば日本ではまた平凡な市民である。家計も余裕がないので文子がバイトをして家計を支えている。帰国してほどなく長女が誕生して大村家は家庭らしくなってきた。

帰国後、大村が最優先で取りかかったのは、メルク社との共同研究による研究テーマの設定とこれからの取り組みである。研究費は年間8万ドルを１９７３年3月から3年間提供するというものだが、正式な契約書にサインをしたわけではない。メルク社は、この契約の交渉役のためにウッドラフを東京に派遣してきた。大村はウッドラフと話し合いをしながらメルク社の求めている研究成果を確認しなければならない。その一方で自分の研究室の陣容も考えながら模索していた。

メルク社のメリットを考える研究

メルク社から巨額の研究費の提供を受けても、メルク社に何もメリットをもたらさないことは許されない。メルク社に自分を紹介した恩師でありボスであるティシュラーに申し訳が立たない。メルク社が満足する研究成果を出すことは、世の中に役立つ成果を出すことである。微生物が産生する有用な化学物質を発見して単離したり、構造を決定して有効な情報を伝えるという方向は決まっているが、大村研究室の研究スタッフは高卒か大卒が主体であり、大学院を修了してもまだ学位を持っていない人ばかりで総勢5人だった。このような状況の中でメルク社を満足させるような成果を出さなければならない。大村らと同じような研究をしている世界中の名だたる研究室を出し抜くような成果を出さなければメルク社も満足しないだろう。

そのとき大村は、山梨大学時代にスキーの指導を仰いだ横山隆策の言葉を思い出していた。横山に入門希望の面会に行ったときのことだった。囲炉裏の前で来客と話をしていた横山は、雪焼けした浅黒い顔をこちらに向け、入門を願い出ている大村に優しく話しかけてきた。そのとき横山は、こう言った。

「何事にも人に勝つためには、人と同じことをしていてはだめだ。ライバルを上回ることを考えてやらなければ勝てないぞ」

横山はスキー競技のトレーニングのことだけを語っているのではなく、何事にもそのような心構えであたれということを語っているのだと大村は理解した。その言葉は大村の心に焼き付き、長く忘れることができない横山の言葉となった。

大相撲では、小兵の力士が技を次々と繰り出して大型力士を倒すことがある。体格が違ってもやりようによっては勝てるのである。小よく大を制す。研究も同じだと大村は考えるようになっていた。優秀な研究者を大勢集めてやっている国立の有名大学とは研究陣容で大きな差がある。しかしやりようによっては勝てる。競争の激しい研究の世界でも、「人と同じことをやっていては勝てない」という横山の教訓は同じであり、大村は人より先んじてやるテーマや方法を考えるようになっていった。

動物薬の開発で研究テーマが決まる

普通の方法でやっても世界の研究室には太刀打ちできない。ならば普通にはやっていない方法をやってみればよい。大村はメルク社のウッドラフと話し合ううちに大きな製薬会社がまだあまり手を付けていない動物薬の探索研究という考えを出した。人間向けの薬剤開発は世界中の研究者が必死で取り組んでいる。しかし動物向けの研究は、ほとんどないに違いない。その当時、動物には人間用として使ったものの用済みとなった薬を使っていて独自の薬というのは見かけなかった。

牛、馬、豚、羊など畜産動物には、多数の疾病がある。そうした動物に効く薬を開発すれば、飼育は効率化され飼料代も節約できるのではないか。世界中の畜産業を考えれば膨大な利益に結びつくだろう。第一、家畜に効くとなれば、似たような疾患が人間にあれば応用ができる。何しろ動物実験をいながらにしてできるという最大の利点があるから、普通の薬剤開発に比べると人間への応用はずっと簡単になる。

メルク社本社から大村との産学連携の契約の詰めをするために東京に来たウッドラフと大村は、毎日、ホテルオークラで会って話し合いをしていた。メルク社側が提示してきた契約書のドラフトは英語であり、大村はその内容を注意深く読み込んでいった。産学連携の契約は一種の規約、つまりルールである。メルク社と大村研究室が共同で研究を進めるためのルールを決めて明文化することとなのだが、何かもめごとが起きた場合は法的な判断にもなりかねない。当時のことを大村は「慣れない法律の英語の文言を辞書と首っ引きで正確な解釈をやったことを覚えている。非常に苦労した」と振り返っていた。

しかし話し相手のウッドラフは日本の研究室のやり方や日本人研究者が出す要望にもよく理解を示し、アメリカの本社との仲介役となって大村のアイデアと提案内容を本社に正確に伝えて双方の理解を深めるよう努めた。

合意書は、2人で何度も見直しをしてまとめた。その骨子は次のようなものであった。

＊北里研究所とメルク社は、動物に適合する抗生物質、酵素阻害剤、および汎用の抗生物質の研究・開発で協力関係を結ぶ。

＊北里研究所のスクリーニングおよび化学物質の研究に対しメルク社は年間8万ドルを向こ

う3年間支払う。

＊研究成果として出てきた特許案件は、メルク社が排他的に権利を保持し二次的な特許権利についても保持する。

＊ただし、メルク社が特許を必要としなくなり北里研究所が必要とする場合は、メルク社はその権利を放棄する。

＊特許による製品販売が実現した場合は、正味の売上高に対し世界の一般的な特許ロイヤリティ・レートでメルク社は北里研究所にロイヤリティを支払う。

1973年3月16日、メルク社の研究所長のL・サレットと北里研究所長の水之江が合意書にサインして産学連携はスタートした。その後、この産学連携の共同研究については、メルク社と北里研究所で何回も話し合いが持たれ、その契約書の内容もその都度ヴァージョンアップしていく。そのやりとりを重ねるうち、動物薬の中でも動物の消化器官にいる線虫という寄生虫を殺す薬を探すことになる。動物の消化器官の中にいる線虫は、栄養を吸い取ってしまうので餌の効率が悪くなる。この線虫を退治できれば餌が効率よく吸収され、飼料代が安くすむようになる。

さらに大村研究室とメルク社の役割分担も決めた。大村研究室では微生物を分離してそれが有用な物質を産生しているかどうかを試験管レベル（in vitro）のテストを行い、そのデータをすべて添付して菌株をメルク社に送る。受け取ったメルク社は、大村の送った微生物を培養して物質を分離し、また物質を合成してその動物実験（in vivo）を行って物質の評価をする。目指すタ

メルク社で動物を使うスクリーニング部のウィリアム・キャンベル部長と（1990年）

ーゲットも動物薬だけでなく酵素阻害剤や発育促進剤の開発に結びつく物質を探すなど共同研究の内容も徐々に広がっていった。

大村は研究スタッフにメルク社との共同研究の目標を説明し、微生物が産生する有用物質の探索方法を示した。大村研究室はメルク社だけと共同研究をするのではなく、テーマを明確にしたうえで他社と重ならないようにしながら国内の大手企業とも共同研究を進めることにしていた。微生物由来の有用物質の探索と発見には、大村は秘かに自信を持っていた。これまでもある程度の実績をあげてきたからである。あてがわれた条件の中で研究をするのではなく、とにかくできるだけ多くの研究資金を集めてきてスケールの大きい研究ができるようにしようと考えた。外国人に太刀打ちできる仕事、外国より一歩先んじて世の中に貢献できる仕事をするためにはそれしかないと思ったのだ。

研究室の基本的な活動としては、いろいろな分野の専門家と組んで研究することを目指すことにした。境界科学の研究手法を常に念頭に置き、自分を専門という蛸壺の中に閉じ込めたり、狭い専門性を求めることがないように研究スタッフに訓示した。さらに大村は、研究方向として重要なことを示した。研究室の基本方針として、当時流行になっていたアミノグリコシド抗生物質、β―ラクタム系抗生物質についてはやらないことにし、大村研究室はマクロライド系だけを追跡すると宣言した。マクロライド系は生物活性から見るとさまざまな機能性を持っているように思えたからである。大村は「マクロライド系の研究は、私のライフワークとして続けていきたい」と語って研究室スタッフの協力を求めた。

アミノグリコシド系、β―ラクタム系、マクロライド系などの分類は、研究者が化学構造上で分けて呼称しているもので、それぞれの系統の物質を見つけて単離し、構造を決定し作用機序を研究する。世界中の研究グループは、それぞれの系統を得意分野にして棲み分けていた。

アミノグリコシド系抗生物質の代表的なものはストレプトマイシンである。放線菌などの微生物が産生する抗生物質であり、フラジオマイシン、カナマイシンなどが発見されていた。黄色ブドウ球菌などを代表とするグラム陽性菌、大腸菌などを代表とするグラム陰性菌、抗酸菌に対して強い抗菌活性を持っていた。

β―ラクタム系の代表的な抗生物質はペニシリンであり、１９４０年代後半から使用されるようになった。その後、適用菌種の拡大と抗菌活性の増大を目的にした研究が進展し、ペニシリンの構造を化学的に変換させた多数のペニシリン系抗生物質が開発され、ペニシリン系統という大きなグループを形成するまでになっていた。

これに対しマクロライド系の抗生物質は、比較的副作用が少なく、リケッチア、クラミジアなどの細胞内寄生菌や、マイコプラズマに対してはよく効く薬が開発されていた。最初に実用化されたマクロライド系抗生物質は、フィリピンの土壌の中から分離された放線菌の一種が産生する化学物質から作られたエリスロマイシンである。マクロライド系の抗生物質の作用機序は、真正菌のリボゾームの一部に結合することによって細菌のタンパク質合成を阻害することであった。

1グラムの土壌の中に1億個の微生物

地球上に生命が誕生したのは、およそ40億年前から35億年前である。遺伝子DNAはタンパク質のコートを着たウイルスのようなごく簡単な生命体だった。それが大腸菌のような微生物に進化し、水生動物となり魚類、両生類、爬虫類、哺乳類へと進化していった。生命現象のあらゆる情報を化学物質の構造としてになっているのが遺伝子DNAであり、これはまるで生命の設計図のように見える。微生物から哺乳類までの進化の道筋には、DNAという生命設計図の情報があり、この生命設計図を形成している化学的な物質は微生物も哺乳類も同じである。だから微生物のDNAをもとに化学物質を産生すれば、それは哺乳類の人間にも役立つこともあるし毒性をもつこともある。

大村はよく学生たちに微生物の話を講義することがある。微生物の産生する化学物質の中から、人間に有用な物質を探す作業が大村研究室の根幹の研究である。だから微生物が何ものであり、なぜ微生物を研究するかきちんと勉強してもらう必要がある。土壌1グラムの中に微生物が1億個いるという。その微生物の中から特定の微生物を取り出し、それが産生する有用な物質を見いだすのが大村研究室の仕事となる。日本では伝統的に微生物を利用した食品や産業が発展してきた。味噌、醬油、酒は微生物の発酵食品であり各種のアミノ酸、抗生物質の生産も世界的にも優れている。

たとえば寒天培地のシャーレの中に土をまいて1週間ほど放置しておくと、あちこちにコロニーがでてくる。これは微生物が分裂して増え、仲間同士が集まってコロニーを作るからであり、さまざまなコロニーの数だけ微生物の種がいることになる。微生物を1個見ようとしても肉眼では見ることができないが、シャーレで増殖させてコロニーにしたとき、初めて微生物の顔が見えてくる。その顔の中から1つを取り出し、純粋に分離して培養し、微生物の産生している化学物質を取り出してくる。その物質を調べて人間に役立つ物質を特定していく。すべての生命現象は化学反応の結果である。どのような化学反応が行われているかを解明するために、化学、とりわけ有機化学者の役割は重要であると大村は研究室のスタッフに言い聞かせていた。

ところでわれわれの体内にもおびただしい微生物が生息している。母親の子宮の中にいるときには無菌状態の環境にいるが、産道を通ってこの世に生まれ出てきた瞬間におびただしい微生物に感染する。人間の体内に生息している微生物は１００兆個とも言われており、その代表的なものが大腸に棲みついている腸内細菌である。このように微生物はこの地球上に多数生息しているのだが、人間が知っているのはそのごく一部である。

研究室ではさまざまなスクリーニング方法を試みた。大村をはじめ研究者たちは常にカバンの中に小さなビニール袋とスプーンを入れておき、ありとあらゆるところの土を採取した。それらの土壌から微生物を分離する方法を改良することに力を入れていった。大村は構造決定に重きを置くよりも、自らが新しいものを率先して探していこうというスタンスに立っていた。若い研究者たちがそれをさらに発展させる形でアイデアを持ってくる。そこから新しいものが生まれると考えていたのだ。

1975年の秋の晴れた日、大村は自宅のある東京都世田谷区瀬田にある空き地で腐敗したカボチャを見つけた。中を見るとクモノスカビが生えている。大村はいつもカバンの中に入れて持ち歩いているビニールの小袋を取り出してきてカビの部分を採取した。翌日研究室に持参し、菌の分離を担当している研究者に培養を頼んで調べてもらったところ、このカビとともに10種以上の微生物が共存していることが分かった。

これらの菌をそれぞれ純粋培養して、抗生物質やその他の生理作用を示す物質を生産しているかどうか調べたところ、このうち放線菌に属する微生物と同定された微生物は、ウイルスの感染を阻止する新しい物質を産生しているのを見つけた。早速この化合物の構造を解明し、ウイルスが動物に感染するのをこの化合物がどのようなメカニズムで防ぐのかを調べる研究に取り組み始めた。出かけた先ではほとんどいつでも土を採取して帰ることが習慣になっていた。

日本人に向いている共同研究体制

大村は複数の研究スタッフがそれぞれの役割を分担し、チームワークを組んで進める研究体制について、独自の考えを持っていた。大村が取り組んでいる微生物由来の抗生物質の発見は、化学者が一人でできるものではない。抗生物質を産生している微生物を分離する人がいなければならないし、構造決定をする人も必要だ。さらに薬理活性、評価をする人もいなければならない。このように共同で研究を推進するのは、現場では非常に難しい。しかし大村はアメリカで研究した経験から、日本人の方が共同体制で研究する能力は優れていると思うようになっていた。

大村は、このような有用な物質を産生している微生物を見つける研究を「泥をかぶる研究」と語っていた。頭を使うよりもまず、体と手先を使って俗に言う「土方仕事」をしなければならない。有用なモノを発見できるかどうかは運次第であるようにも見える。１年間総がかりでやっても何も出ないということだってある。アメリカはこのような割の合わない仕事を皆で体制を組んでやるということは、あまり得意ではない。何かちょっとでもやると「自分がやったんだ」「俺がやったんだ」と主張し始めるような文化がある。個人主義を研究現場に持ち込むとこうなる。

しかし研究はやりようだと大村は考えていた。効率のいいスクリーニングの手順を開発し、役割分担をしてチームワークを組む共同研究体制は、日本人の方がうまいと考えていた。それは製造業、モノ作りで世界トップをきわめた製造現場のすり合わせ、暗黙知の世界も似たところがある。大村がリーダーとしていつも腐心したことは、共同体制で研究をうまく進めていく「研究室の文化」をいかに保持していくかであった。それは絶えず研究室のスタッフ全員を観察することから始まる。研究スタッフの誰が順調にいき、誰が沈んでいるかよく見ていれば分かるのである。

個々の仕事を注意深く見ていると「あの男あまりうまくいっていないな」「ちょっと沈んでいるな」とか「何かちょっとエンカレッジしなければいかんな」「彼にはもう少し希望を与えるようなシチュエーションに変えなければいけないな」など絶えず研究室全員の仕事ぶりを観察し、その状況に応じてアドバイスをすることを心がけていた。それは中学生の時代から卓球部の部長をしたり、スポーツを通じて身に付けたチームワークの精神、高校教師時代に指導した体験などから自然と出てきた行動であった。

そのようなリーダーの心遣いはスタッフにも分かってくる。うちのボスは配慮してくれているな。面倒を見てくれるな。その雰囲気が研究室全体を支配していくので研究が多少うまくいかなくなっても、また盛り返してくる。そういうスタッフの集まりでないとモノは見つからない。誰か1人でも怠けていたら、まったく無駄になる。

大村は、特にモノを見つけるところで、一番気を使っていた。たとえば微生物を年間何千も分離するなどという仕事は、大学や大学院を卒業してきた人にお願いしても、そっぽを向いてやらない。しかし大村はめげなかった。学位など取れると考えていない人に仕事をやってもらう場合、必ずその人の将来を考え「あなたは学位を取れるまで、この分野で仕事をしていたら一人前の研究者になれるよ。日本には、専門学校や高校を卒業しただけでも学位をとる道はあるのだから、絶対やればできるから頑張りなさいよ」という具合にテーマを与えた。そこには勉強など余りやらないで社会に出ていき、一念発起して学び直して研究者になった自身の生き方が投影されていた。

　スタッフの研究する方向を決めてやると、見違えるようにやり始めることがある。目的を持って研究を行い、実際に学位を取ったスタッフが何人も出てきた。このように、それぞれの分野の人たちが張り合うように、リーダーが仕向けていけば、自ずと研究室は活気を帯びてくる。「あいつは、俺が仕事をやったのに発表しちゃった」などと考えていたら研究室の運営はうまくいかないと大村は考えていた。指示されて行動する側に立っても、ボスの意向をよく考えて仕事をすると、自分たちにもまたプラスになって返ってくる。相手の立場に立って仕事の指示を出し、方向性を導き、助言を与える。研究室のボスとしての仕事はそこにあると大村はいつも自覚するようにしていた。

　大村が先頭に立って進める微生物由来の有用物質の発見という研究は、メルク社をはじめいくつかの企業との共同研究が順調に進展し、成果も上がってきていた。動物薬を開発することを目標にしていたメルク社との共同研究では、そのような研究現場から世界的なヒットが生まれていった。

教授に昇格した記念にセミナーを創設

　１９７５年４月１日付で大村は、恩師の秦藤樹の後を引き継いで北里大学薬学部の教授に昇格した。北里研究所と北里大学の抗生物質関係の研究グループをまとめるという役割もある。ただし抗癌抗生物質の研究で実績のある梅澤巌の研究室は除かれた。大村は教授昇格の機会をとらえ、自身の励みになるようなことをやりたいと秘かに考えていたことがあった。それはウェスレーヤン大学の恩師であるマックス・ティシュラーがやっていた「ピーター・リアマーカー・シンポジウム」と同じような国際的な学術集会の開催である。一流の学者と若い研究者や学生がじかに触れ合うことによって刺激を与え、研究意識を高め研究レベルの向上を目指すところにティシュラーの狙いがあった。大村は、そのシンポジウムを体験したときから、この雰囲気を日本へ持って帰りいつか実現したいと考えていた。

大村は、KMCセミナーという学術集会を旗揚げし、外部から著名な演者を招待して講演をしてもらうことにした。このセミナーが500回の開催を記念して2008年3月18日に北里大学薬学部で行われた記念講演で大村は、それまでに発表した演者について次のように語った。

「最初から国際的なセミナーにするため、外国からの演者を多くしようと考えていた。しかし500回まで続くとは想像もしていなかった。500回までの演者をみると、日本人が322人、外国人が178人、そのうち学生が76人だった」

500回も続けたセミナーもすごいが、そこへ178人の外国人研究者を呼んできて講演してもらったのもすごい。おそらく日本の大学では例がない実績である。内外の演者には、ノーベル賞受賞者をはじめトップクラスの研究者が多数いる。2001年に「立体選択的な酸化反応」によりノーベル化学賞を受賞したマサチューセッツ工科大学のバリー・シャープレスが、大村との共同研究の打ち合わせできたとき、ついでにKMCセミナーで講演をしてもらった。講演後の懇親会で大村は「有機化学でノーベル賞が出るとしたら、必ずシャープレス先生になります」と

バリー・シャープレス教授と（北里研究所で）（2001年）

紹介した。それを聞いた学生たちは、こぞってシャープレスから記念のサインをもらっていた。それから1週間後のノーベル賞の発表で、シャープレスは化学賞を受賞した。そのとき一緒に野依良治も「不斉触媒による水素化反応」で受賞している。野依もそれ以前にＫＭＣセミナーで講演している。

大村が常日頃から語っているのは、若い研究者たちが外国まで出かけていって一流の研究者の話を聞いたり交流することは難しい。それならそのような研究者をこちらに呼んで交流すれば同じことになるということである。講演が終われば、演者を囲んで懇親会もするし時には大村の故郷の山梨県韮崎市の実家に連れていって、富士山を眺めながら楽しい歓談の時間を持つこともあった。大村はこのＫＭＣセミナーのほかに「マックス・ティシュラー記念講演会」をティシュラーが亡くなった１９８９年から２年おきに開催し、２００７年には第10回を迎えていた。最初の旗揚げ講演会には、１９６９年にノルウェーの物理化学者のオッド・ハッセルとともに「立体配座の概念の発展と化学への適用」の功績でノーベル化学賞を授与されたイギリスのデレック・バートンを招聘した。バートンは立体化学を開拓した科学者として知られており大村が、フランスで招待講演したときに討論したことがあり、その後も機会あるごとに会い、親交を深めるようになる。

２つのセミナーと講演会はいずれもウェスレーヤン大学時代に自身が感銘を受けた体験が創設の動機になっていた。ティシュラーが目指した国際的に活躍するトップクラスの研究者に触れることで研究者の意識のレベルアップへとつなげていくことを弟子の大村が日本で実現したものであった。

第7章 エバーメクチンの発見

ペニシリンの発見・実用化と同じだった

微生物が産生している有用な化学物質を役立てるという大村の研究テーマは特に目新しいものではなく、ペニシリンの発見以来多くの科学者が挑戦してきた研究手法と同じだった。それは1928年であった。イギリスの医師であるアレクサンダー・フレミングは、黄色ブドウ球菌の培地の中に生えたアオカビの周囲だけが透明になっており、細菌の増殖を阻止している現象を発見した。アオカビの中に細菌増殖を阻止する物質があるのではないか。フレミングはアオカビから抽出した培養液の中に細菌増殖を阻止する化学物質が含まれていると確信し、その物質を「ペニシリン」と名付けた。しかしフレミングは、ペニシリンを感染症などに役立てるには大量に確保しなければならないがその実現ができず、論文は書いたがそのままになっていた。

ペニシリンの発見から12年後の1940年、彼の論文を読んだイギリスの病理学者のハワード・フローリーと生化学者のエルンスト・チェーンが、ペニシリンの分離・抽出に成功し、感染症の治療に劇的に効果を発揮する薬剤を開発することに成功した。基礎研究でその存在を確認し、応用研究で実用に役立つ薬剤として確立したもので、フローリーとチェーンの業績は「ペニシリンの再発見」とも言われている。この3人は、1945年、ノーベル生理学医学賞を受賞した。大村らが発見した動物と人間の寄生虫の双方に効果を発揮する微生物から抽出した化学物質は、メルク社という製薬企業によって実用化に道が開けたものであり、基礎研究による重要な発見と製薬企業の実用化研究とがあいまって成功した点でペニシリンの発見と実用化と同じであった。

大村らの発見した化学物質を整理する

大村の業績の中でも動物と人間の双方の寄生虫に劇的な効き目を発揮した化学物質の発見は、それだけでノーベル賞級と言われてきた。大村とメルク社との産学連携の研究から生まれた成果の一つであるが、大村はこれにとどまらず生命現象を追跡する生化学、医学などの研究現場で使っている重要な試薬をいくつも発見している。その発見のドラマについては本書の中でも触れているが、この項では動物と人間の双方に役立っている抗寄生虫薬の開発について書き進める。ただ化学物質の名称がカタカナであり専門用語になるので、初めて聞く者にとってははなはだ紛らわしい。そこで書き進める前に予備知識として抗寄生虫薬となった物質について簡潔に整理した。

大村が静岡県伊東市の川奈の土中から分離した放線菌が産生する化学物質は「エバーメクチン」と名付けられた。このエバーメクチンは最初、動物に寄生する寄生虫を退治してくれる物質であることが分かった。これをより効率のいい薬剤として開発するため、メルク社と大村研究室の共同研究からエバーメクチンの分子構造の一部を変えて改良した誘導体（化学物質）をいくつか開発した。この中で動物、人間の双方に棲みつく寄生虫に効く化学物質を「イベルメクチン」と名付けた。まずエバーメクチンを発見し、より効能のある実用薬へ改良する段階でイベルメクチンが開発されたのである。そこまでを予備知識としたい。

抗寄生虫物質の発見

大村がアメリカのウェスレーヤン大学から帰国した後にスタートした北里研究所大村研究室は、さまざまな方法で分離した微生物の性質とその微生物がどのような物質を作っているかをあらかじめ調べることから着手した。できるだけ特異的な化学物質を作っている菌株を見つけ出してメルク社に送り、同社で動物実験で評価するという手順で進められた。

ビニールの小袋を常備した研究員の土壌集めも日常的に行われていた。このときも静岡県伊東市の川奈のゴルフ場近くから採取した土壌が研究室に持ち込まれ、いつものようにスクリーニングが始まった。この土壌の中に生息している微生物から何か有用な化学物質が出てくるかもしれない。果たせるかな、この土壌の中から、これまで知られていなかった放線菌が発見された。この放線菌はその後北里研究所の高橋洋子によって詳細に調べられ「ストレプトミセス・アベルメクチニウス」という名前が付けられた。

この放線菌は多様な作用を示す物質を作っていることを示唆する結果が出てきた。まだ試験管レベルであるが、このような作用を示す物質は大村研究室が最も求めていたものであった。いつものように「ＯＳ－４８７０」の整理番号をつけ、抗菌薬の種々の微生物に対する最低発育阻止濃度を系列化した抗菌スペクトルなどの1次データを付けてメルク社へ送った。ちょうど第１回ＫＭＣセミナーを終了したころである。

メルク社では、北里との共同研究の責任者エドワード・スタープレーの下で研究をしていた動物寄生虫に関する専門家のウィリアム・キャンベルが、大村研究室が分離した微生物の抗微生物活性のインビトロのデータをもとにして微生物の培養液をそのまま動物に投与する実験を始めた。人工的に寄生虫を棲みつかせたマウスに培養液を飲ませてみると寄生虫が減ってくる。何度も同じ実験をしてみるが、間違いなく減っている。大村研究室で新発見した放線菌（ストレプトミセス・アベルメクチニウス）が、抗寄生虫作用をする物質を作っていることを発見した最初の動物実験の結果だった。

メルク社から「ＯＳ－４８７０」は、確かに抗寄生虫活性を示しているという報告が大村研究室に届けられた。研究室は色めきたった。動物薬を開発するという所期の目標をずばりと衝いている実験結果である。大村とメルク社の研究グループは、この微生物から抽出して単離した化学物質を「エバーメクチン」と名付けた。メルク社はマウスの実験結果から、今度は家畜の寄生虫に効果があるかどうかを調べる大掛かりな動物実験にとりかかった。一般的に放牧されている牛の胃や腸の中には寄生虫が多数生息している。多い場合は、寄生虫が5万匹以上も生息している。そのような家畜にも果たしてエバーメクチンは効くだろうか。投与した結果を見ると確かに家畜に対してもエバーメクチンは効き目を発揮する。しかし研究陣はこれに満足せず、エバーメクチンを改良したさまざまな化学物質を作って実験を繰り返していった。少量でも効き目のある化学物質を追い求め、最も効き目がある化学物質を発見して「イベルメクチン」と名付けた。その後は、イベルメクチンを使った動物実験に取り組んでいく。

寄生虫が５万匹もいるような牛を無作為に24頭選び、12頭ずつ２つのグループに分けた。イベルメクチンを投与するグループと対照群として何も投与しないグループに分けたのである。結果は劇的な効き目を示した。イベルメクチンを２００マイクログラム１回飲ませたグループの牛からは、寄生虫がほとんどいなくなった。平均すると99・６パーセントもいなくなった。何も投与しなかった対照群はまったく変化がなかった。ただ１回の投与でこれだけの効き目がある。この結果には大村研究室もメルク社の研究グループも興奮した。早速、実験結果をきちんと固めて特許を出願する一方、学術論文としても発表する準備を始めた。

メルク社が特許ロイヤリティを支払う

１９７４年に静岡県の川奈ゴルフ場周辺の土中から発見された放線菌が産生するエバーメクチンの誘導体であるイベルメクチンの抗寄生虫作用の有効性、毒性、安全性などの確認実験を積み上げ、学会で発表したのは最初に活性を見いだしてから５年後の１９７９年であった。この共同研究に貢献したスタッフは、北里研究所側が岩井譲、大岩留意子、増間録郎、高橋洋子らであり、北里大学薬学部の研究室では中川彰、大野紘宇、喜多尾千秋、鈴木陽子らだった。学会ではメルク社の研究員とともに発表することになった。学会前には、研究者仲間を通してイベルメクチン

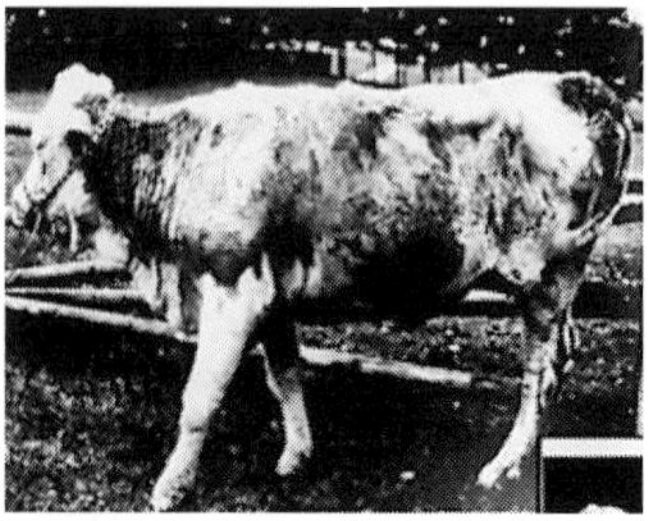

皮膚にダニが棲みついた牛。しかしイベルメクチンを体重1キログラム当たり5000分の1グラム（200マイクログラム）を1回投与するだけできれいに治ってしまう

の劇的な効用があちこちに伝わっていたので、発表会場には入りきれないほどの聴衆が集まってきた。放線菌の採取から微生物の同定と産生物質の単離と培養液を使ったおびただしい数の実験結果などを次々とデータを示して発表していった。

発表が終わると、次々と手が挙がって質問攻めとなった。素晴らしい研究成果を発表したときの学会の会場は、聴衆も興奮して一種異様な雰囲気になるが、このときも同じような雰囲気だった。質問の中で多かったのは「本当に1回だけで効くのか？」「なぜ1回だけでいいのだ」というものだった。これに対し大村らは「効くから1回なのだ」と切り返して会場を沸かせた。その学会発表があってからさまざまなジャーナルで取り上げられ、イベルメクチンの有効性が一般の人々の間でも有名になっていった。

動物薬として製品化が決まったとき、メルク社と北里研究所が契約していた共同研究の内容にしたがって、メルク社が北里研究所に特許ロイヤリティの支払いをすることになった。これまでメルク社から提供を受けていた研究費とは別であり、いわば成功報酬としてロイヤリティを支払うものである。これからの大村研究室の活動にとって非常に大きな資金源になると大村は思った。

大村とメルク社は改めてイベルメクチンのロイヤリティに関するライセンス契約について話し合った。そのときメルク社は、最初に大村らが発見した放線菌の菌株を３億円で売ってくれと言ってきた。つまり一時金による決着である。しかし大村はそれを蹴った。北里研究所の理事会に伝えると、理事会は一時金をもらったほうがいいという意見だった。しかし大村は反対した。化学合成物質として薬剤にすると応用範囲が広がり、とてつもない売上高になる可能性がある。ここはやはり売上高によって支払ってもらうロイヤリティ契約がいい。

大村は、メルク社に対し売上に応じたロイヤリティ支払いを主張した。しかもエバーメクチンに関する物質で新たな薬が開発された場合は、それにも特許料の支払いを求めるというものだった。メルク社と大村は、ロイヤリティの契約内容とロイヤリティの料率をめぐって交渉を繰り返した。メルク社は、大村が納得するような金額や料率をなかなか提示してこない。

そこで大村は、共同研究の開始の状況をよく知っているティシュラーに査定をしてもらうことを提案しメルク社もそれを認めた。ティシュラーはメルク社の「中興の祖」と呼ばれるほど同社に貢献してきたメルク社の元研究所長である。企業の事情も大学の研究者の事情もよく承知している人物であり、メルク社と大村の間に立って公正な判断をするにはうってつけである。査定の結果はティシュラーの「メイク　サトシ　ハッピー」の一言で決まった。メルク社が折れ大村側の提示通りのロイヤリティの条件で契約は締結されることになった。その後、このロイヤリティ契約によって北里研究所にはその後２００億円以上のロイヤリティ収入があった。大村が一時金の決着を蹴り、ロイヤリティ契約にこだわった結果である。

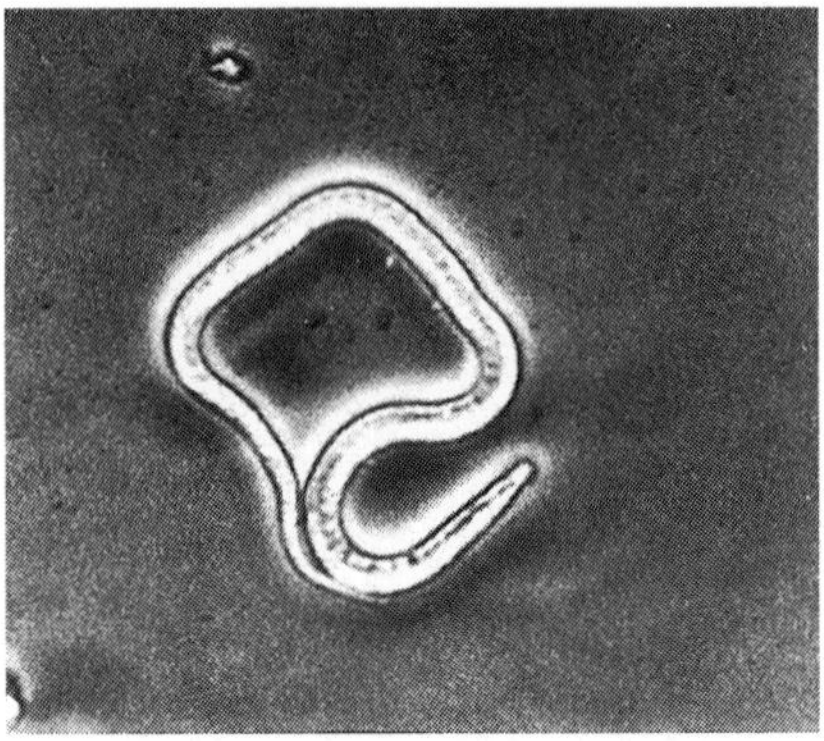

Onchocerca volvulus (microfilaria, 290 μm)

ミクロフィラリアという線虫。オンコセルカ症はこの線虫が眼の中に入り込み、白内障や角膜炎を起こして盲目にさせる

犬のフィラリア症にも効くイベルメクチン

犬を飼っている人で知らない人がいないくらい有名なのは、糸状虫に属する寄生虫のフィラリア（ジロフィラリア・イミディス）が犬の心臓に寄生して起こすフィラリア症である。かつて犬の多くは、フィラリア症で死期を迎えた。イベルメクチンは、そのフィラリア症にも効くことが分かった。フィラリア症は蚊によって媒介されて起こる病気なので、夏の蚊が出る間に犬に月1回の投与をすればほぼ予防できる。犬が長寿になってきたのは、フィラリア症から解放されたからである。この成果が朝日新聞に報道されると、そのころ横山泰三が連載していた「社会戯評」という1枚漫画で、イベルメクチンによってペットも高齢化するという意味で犬が杖をついて歩いている戯画が掲載され評判となった。この1枚漫画では「寄生虫万能薬エバーメクチン開発」として紹介されたが、実際にはエバーメクチンを改良したイベルメクチンが薬剤となっていた。エバーメクチンという化合物の一部分を改変させてイベルメクチンができているので、一般的には、どちらも同じと理解しても間違いではない。

エバーメクチンおよびイベルメクチンの効果はこれだけにとどまらず、ダニや昆虫などの節足動物にも効くことが分かった。肌にダニが棲みついて蔓延し、見る影もなく衰弱してしまった牛にイベルメクチンを1回だけ飲ませると、2、3カ月後にはきれいに治ってしまう。たちまちにしてイベルメクチンはメルク社のヒット商品となり、1981年に売り出されるとあっという間に販売実績が伸び、1983年からは動物薬の売上でトップを走り続ける。一方では農業、園芸で悩まされる昆虫やダニ退治には天然のエバーメクチンが効果を発揮するので、その方面に使われている。大村らが基礎研究で発見し、動物薬売上でイベルメクチンと1、2位を争うフィプロニールもイベルメクチンの作用を応用して開発した薬剤である。また大村らとイーライリリー社と共同で開発したタイロシンおよびその誘導体ティルミコシンもまた、動物薬の売上で世界3位になっている。つまり動物薬売上でトップ3にランクされている薬剤は、いずれも大村らが発見に関わっている化学物質をもとに作られた薬剤なのである。

動物からヒトの治療薬に発展

少量のイベルメクチンを動物に1回だけ飲ませるか皮下注射をするだけで寄生虫退治に劇的な効き目を見せたことで、これを人間の疾病に使ってみようと思いたったのはごく自然の成り行きだった。メルク社は、人間に投与した場合の毒性検査などを蓄積し世界中で発症している線虫、寄生虫などを原因とするさまざまな疾病に効く薬の開発へと発展させた。そして臨床治験を蓄積して薬剤の開発を手がけ、最終的に副作用、安全性などをクリアした薬剤として完成させた。ヒト用イベルメクチン製剤は製品名を「メクチザン」と付けられたオンコセルカ症の治療薬である。

オンコセルカ症は、フィラリア線虫の回旋糸状虫による感染症であり、アフリカの熱帯地域およびサハラ以南において最もよくみられる。イエメン、メキシコ南部、グアテマラ、エクアドル、コロンビア、ベネズエラ、ブラジルなど中南米にかけても発生地があるが、失明はアメリカ大陸ではかなりまれである。

感染させるのはハエより小さいブユである。ブユの成虫はハエの4分の1ほどの小さな虫で、蚊やアブと同じようにメスだけが吸血する。蚊と違うのは吸血するときに皮膚を噛み切るので多少の痛みを感じることが多いことだ。アフリカの赤道直下の河川流域には、ブユが生息している場所が至るところにあり、ブユに刺されてミクロフィラリアをうつされると、これが皮膚や眼の中に侵入してきて失明する。１９８７年、メルク社のメクチザンの投与が始まるころまでは、世界で年間数万人がこの病気で失明していた。失明のワースト１はトラコーマでありオンコセルカ症はそれに次いでいる。成虫は、皮下にできた小結節の中で最高15年も生き続けるという。

このような恐ろしい熱帯地方の感染症にイベルメクチンを使ってみたら、オンコセルカ症に非常によく効くことが分かった。大村は１９９７年の1年間に３３００万人の人が失明から救われたと世界保健機関（ＷＨＯ）から報告を受けたときには、心底びっくりした。メルク社の製剤イベルメクチン（メクチザン）は、6ミリグラムのタブレットとなっており、体重1キログラムにつき１５０マイクログラム相当を1年に1回飲むだけで虫を駆除できると聞いてさらに驚くのである。その後、ＷＨＯが世界的に展開している投与作戦によって２０２０年には、公衆衛生上、この疾病は撲滅されると予測されている。

東南アジアの風土病にも効く

このほかにも糸状虫の中で人間に寄生するフィラリア類がいる。リンパ系フィラリア症と呼ばれる病気の原因となるフィラリアはリンパ管やリンパ節に寄生して増殖していき、皮膚組織が硬くなってふくれあがり、まるでゾウの皮膚のようになるため象皮病とも呼ばれている。陰のう、上腕、陰茎、外陰部、乳房などでも発症する。この疾病にもイベルメクチンと他の薬剤との併用で予防と治療が行われるようになってきた。現在、1億2000万人が感染していると言われているが、WHOはこれもまた2020年には撲滅されると予測している。

タイ、ベトナム、インドネシアの辺りから東南アジアを中心に糞線虫症という風土病が流行している。糞線虫は、長さ2ミリほどの糸くずのような虫で、小腸上部の粘膜に寄生している。熱帯から温帯にかけて広く分布しているもので、日本では奄美・沖縄などの南西諸島が主な流行地になっていた。感染は土壌中にいる幼虫が皮膚や爪の間から入りこんで発症するとされており、イベルメクチンはこの疾病に効くことも分かった。

糞線虫症に感染した患者は、ほとんどが何十年も前に感染したと考えられている。糞線虫は人体の中で成虫になると腸の中に卵を産みつける。卵は孵化して幼虫になり、それが血液やリンパ液の中に混じって肺や腸管へと移動して成虫となり、また卵を産んで世代をつないでいく。このようなことを繰り返して何十年も持続感染をしているという。ステロイド剤の投与や抗癌剤投与後、あるいは歳を取って免疫力が低下すると、播種性糞線虫症という重い症状に移行して死亡することもある。罹患者は、世界で約4000万人いるといわれているが、日本ではイベルメクチンが治療薬として使われたこともあって沖縄県と九州地方での感染者は見られなくなりつつある。

ダニが原因の疥癬症にも効く

ヒゼンダニが寄生して皮膚感染症を引き起こす疥癬という皮膚病も治療の特効薬がなく非常にやっかいな病気だった。イベルメクチンはこの皮膚病にもよく効くことが分かり、日本では、2006年8月にイベルメクチンが保険適用となった。ヒゼンダニに感染すると皮膚に強いかゆみが生じる。全身の皮膚に赤い小さな発疹状のものが発生して広がっていく。養護老人ホームなどで1人でもこれを持ち込むと、近隣のお年寄りに感染するだけでなく働いている看護師さんにも感染するので大変な騒ぎとなる。これまでは効く薬がなかったが、イベルメクチンが適用されてからは、ほとんどが1回の服用で治るようになった。それ以前は患部にいろいろな薬を塗って抑えたり、ステロイドと殺虫剤を何回も何回も塗らなければ治らない病気だったのが、1回飲むだけできれいに治るようになったという。皮膚科領域の医療革命の一つであるとも言われている。

世界に先駆けて放線菌の全遺伝子を解読

大村らが発見した放線菌ストレプトミセス・アベルメクチニウスが産生する化学物質から製品化されたイベルメクチンは、薬品効果が非常に顕著であるため空前のヒット薬剤となった。この放線菌は、一体、どのような遺伝子を持っているのか。特に放線菌がどのくらい二次代謝産物を作るかは大きな関心ごとになっていたため、放線菌の全ゲノム解読を急ぐ必要があった。

二次代謝産物とは生物の発生、生殖などとは直接的には関与していない有機化合物である。二次代謝産物がなくてもすぐに死ぬようなことはないが、植物の感染防御や種間の防御に重要な役割を果たしている場合が多い。放線菌の全ゲノム解読によって、未解明の部分が明らかになるかもしれない。放線菌の全ゲノム解読は前例がなかっただけに価値がある。日本で発見された放線菌の遺伝子解読は、やはり日本人の手でやって欲しい。

しかし放線菌の遺伝子解読では、ヒトゲノム全解読で貢献したイギリスのサンガー研究所とD・ホップウッドらの率いるチームが先行しており、日本が追いつくことは難しい状況とされていた。そこで大村が総括責任者になり、独立行政法人製品評価技術基盤機構・バイオテクノロジーセンター長の菊池久が総括推進役、北里大学の池田治生、柴忠義、国立感染症研究所の石川淳、理化学研究所の服部正平、東京大学医科学研究所の榊佳之らが加わり、一大共同研究を立ち上げた。それから2年半、エバーメクチンを産生している放線菌ストレプトミセス・アベルメクチニウスのゲノムの99・5パーセントを解読して内外

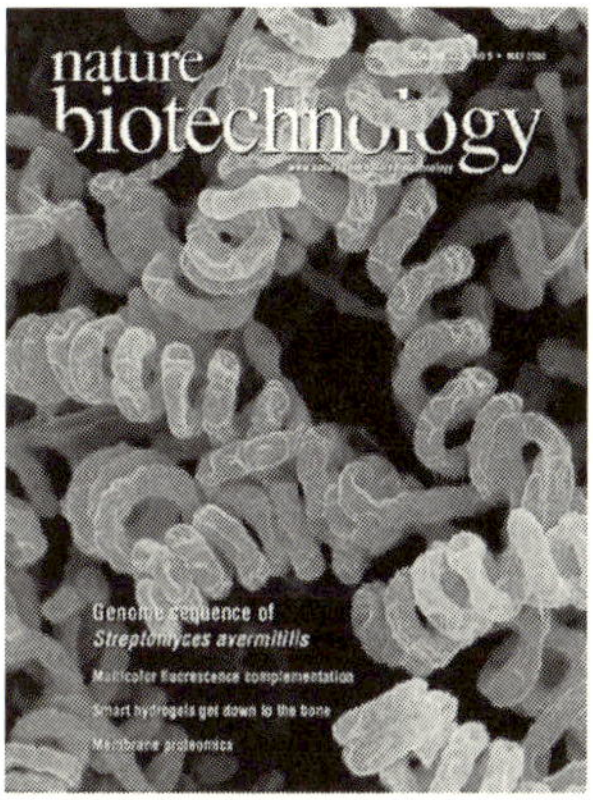

「ネイチャー・バイオテクノロジー」に、エバーメクチンの全塩基配列を決めた論文が掲載された。表紙はエバーメクチンの生産菌のストレプトミセス・アベルメクチニウスの顕微鏡写真（2003年）

で発表した。

国際的には、2001年8月6日、カナダ・バンクーバーで開催された国際放線菌学会（ISBA）で池田治生が発表し、国内では大村が、第43回天然有機化合物討論会で発表した。それによると塩基は、902万5608対あり、30種の二次代謝産物の遺伝子群が存在し、これは全ゲノムの6・6パーセントを占めていることが分かった。

このゲノム解読では、当初から学界関係者の間で苦戦が伝えられていたが池田らの努力によって3年ほど先行していたイギリス勢に追いついた。大村は「我が国のバイオテクノロジーのレベルも、欧米に伍してやっていける実力を世界に知らしめる一つの例を示すことになったと思う。億単位の研究費を要するこの研究ができたのも、エバーメクチンのロイヤリティ収入があったからである」と語っている。

第8章 ● 大村研究室の独立採算制

突然言い渡された研究室の閉鎖

抗寄生虫の効果を持っている化学物質のエバーメクチンが発見され、大村研究室とメルク社との共同研究は、製品化に向かって大車輪で研究を進めていた。大村と大村研究室のスタッフは、次々と学術誌に英文で論文を発表していくので外国でもよく知られるようになっていた。大村は、教授になった1975年から翌年にかけて、ニュージーランド、オーストラリア、アメリカなどで開催された学会やセミナーに招待されて講演に出かける一方、研究室の運営でも大忙しの日々を送っていた。この年日本では日本女性のエベレスト初登頂成功に沸き、エリザベス女王来日のニュースが流れていた。7月には沖縄海洋博覧会が開催される。そんなさ中の7月のある日、大村は北里研究所の研究部長に呼び出され、突然、次のように言われた。

「北里研究所の財政が逼迫しているので、大村研究室の室員の給料も払えない。大村研究室は閉鎖してもらえないか。これは研究所の理事会の方針で決まったことである。大村先生は薬学部の研究室で研究していただけないか。なにも研究室を2つも持つ必要はない。早急に研究室のスタッフの再就職を考えてもらいたい」

寝耳に水、晴天の霹靂とはこのことである。言葉は丁寧であったが大村は猛然と反発した。北里研究所の研究室は秦から引き継いだものであり、その伝統ある研究室を簡単につぶすわけにはいかない。研究成果もそれなりに出している。第一、日夜研究に励んできた5人の研究員の首を切ることなどできない。大村は「研究実績もあるし閉鎖する理由がありません。しかし理事会で決まったことなら仕方ない。今後のやり方を自分なりに考えるので少し時間をください」と言っていったん引き下がった。

それから大村は、今後の研究室運営について寝ないで考えた。そして次のような条件を提示して理事会側と交渉した。

＊大村研究室にいる博士号取得後の研究者（ポスドク）やスタッフなどの人件費、研究に使う諸経費はすべて外部から導入する研究費でまかなう。

＊外部からの導入研究費の12パーセントをオーバーヘッドとして北里研究所に支払う。

つまり部屋代を支払うので研究室の存続を認めてほしいという案である。アメリカの研究者は、この方式で研究室を運営していた。日本ではその当時、このような方式をやっている大学の教員はほとんどいなかったが、大村はここで挫折するわけにはいかないと思った。大村研究室は、微生物から有用な天然化学物質を見つけて創薬に結びつけたり試薬を開発して世の中に役立つ研究実績を出そうというのが目標であり、実際、多くの有用な微生物由来の物質を見つけていた。後で詳しく触れるがスタウロスポリンなどはまさにこの騒動のさ中に発見された重要な物質だった。

その当時、大村研究室が研究費を導入して契約していた企業は、アメリカのメルク社からが最も大口であったが、そのほかにも協和発酵、旭化成、山之内製薬、サッポロビール、サントリーなどがあり、研究費は合計して年間８０００万円ほどあった。当時の日本では、ほとんど例を見ないほどの潤沢な研究費だった。それだけ大村研究室は企業側から見ても評価できる研究室だったのである。年間８０００万円のうちの12パーセント、９６０万円をオーバーヘッドとして北里研究所に支払うという条件だ。

研究室の経営を独立採算制で確立

この条件を出すにあたって大村は初めて、経営者の立場に立って考えてみた。売上と必要経費のバランスシートを考え、健全な経営をしなければ研究は立ち行かなくなる。大村研究室の収入、つまり売上は企業との共同研究で導入される研究費がほとんどすべてだった。これに対し出ていく金は、研究スタッフの人件費が最も多く、実験にかかる諸経費もばかにならなかった。これを独立採算でやらなければならない。中途半端なやり方をすれば企業と同じように倒産してしまう。

大村は企業から研究費を導入する場合、企業のメリットを考えることにも腐心したが譲らないところもあった。大村研究室は企業の下請けではない。企業との共同研究によって学問の創造性と学問の自由を縛られるようなら大学で研究する意味がない。微生物の産生する有用な物質を発見し、その機能を解明して新しい知見を学問の世界に提示し、同時にその成果が世の中に役立つことをやるのが目標だ。研究活動とは、世界で初めて生み出す知的成果であり、それを論文として発表することでアカデミックな世界での実績を積み上げることにつなげなければ意味がない。研究成果は特許にして権利を確保し、企業に実施してもらう契約をすれば企業側も安心するしメリットがある。アメリカから帰国する際にアメリカの企業と交渉した大村方式は、ここでも有効な手段として役立つことになる。時には企業から人を預かり、それなりのポジションを与えて仕事を覚えてもらうことで企業に還元することもある。

大村はそのときから研究室の経営ということをしっかりと考えるようになった。まさに企業の経営者と同じことである。まず第一に、世の中に認められるような研究成果をあげなければ研究費の導入には結びつかない。さらに研究効率を上げなければ、採算が合わないので倒産の憂き目を見る。このハードルを越えていくには研究者の質をあげなければならない。人材育成である。どこへ行っても通用するような人材を育成するという大村研究室の目標は、このような過程から生まれたものであった。

後年、大村は自分のやった研究室の経営の柱が人材育成であったことが間違いでなかったと確信することに出合う。あるとき書物を読んでいたら、「経営」という言葉の意味に企業の金儲けとは別に、人間形成という意味があることが分かった。『源氏物語』の中で、光源氏と葵の上の間に生まれた子、夕霧を、将来成長して立派な人になるようにと両親は他人に預ける。その預けるときに「この夕霧をお預け申し上げます。ご自分の子と思し召して夕霧の経営をあげてご一任申し上げます」と言っている。「夕霧の経営……」この言葉には人間形成という意味がある。まさに大村が目指していたものと同じだった。

　また大村は、人材育成をするにはまず自分を磨かなければ達成できないと考えるようになる。自分を磨くとは、リーダーシップ、柔軟性、アイデア、情報収集力、協調性、応用術など多角的な能力を一定のレベル以上に保持することである。そのどれが欠けてもうまくいかない。大村はその状況を大村流「桶の理論」として説明することがある。新しい物質を発見する桶がある。その桶には新しい物質という液体が入っている。桶を形成する板のうち、どこかが破れたりひびが入っていたり、低い板になっていればそこから中の液体が漏れてしまい、一番低い板のレベルになってしまう。桶を形成する板がいつも高い水準にあって中の液体「新しい物質」が漏れることがないように、さまざまなカテゴリーで自分を磨くという比喩であった。

　大村には、小学校高学年のころに体験した強烈な思い出がある。あるとき、小学校の教師をしていた母親の日記帳をそっと見たことがある。日記帳の一番最初の頁に「教師の資格は自分自身が絶えず進歩していることである」というようなことが書いてあった。母親は教師をしているので、子ども心にも母親は自分自身を戒めるために書いたのだと分かった。大村はこれに感銘を受け、忘れることができない言葉となった。教師になってからは「教師の資格は、絶えず進歩することである」と自分に言い聞かせるようになる。伸び盛りの若い人たちと付き合っていくには、日ごろから自分を研鑽しなければ指導する立場にはなれないと肝に銘じるようになった。

理事会が認めて独立採算制へ

北里研究所の理事会と大村は、１９７７年7月7日、大村が提案した研究室運営の内容を覚書として文書化し、それを双方が署名確認することで大村研究室は存続することになった。独立採算の研究室運営によって、大村の責任はいっそう重くなり、大村にかかるプレッシャーも大きくなっていく。

研究室の職員、ポスドク、研究員らの給料を確実に確保するだけでなく研究に必要な研究試薬や器機、材料、器具などを購入しなければならない。研究費が止まってしまったらどうするか。大村は不安で仕方がなかった。だからときたま夢を見ることがあった。夢の中で研究者全員が遊んでいる。「何で仕事をしないのか！」と言うと、「お金がなくて薬品が買えない」と言う。これは大変だとガバッと飛び起きると夢だった。目が覚めてから、確か3年分は用意してあったはずと思いなおしたこともあった。

大村が好きな言葉にルイ・パスツールの「Chance favors the prepared mind（チャンスは準備が整っているところにやってくる）」という名言がある。何があるか分からないけれど絶えず準備しておくことが大事であり、その気にならないとだめだということだ。チャンスは何もしないでぼんやりと過ごしていたら逃げていってしまう。この言葉を胸に大村の新たな研究室経営が始まった。

スタウロスポリンの発見と国際的な研究活動

１９７７年７月、大村研究室の閉鎖騒ぎが収まったころ、大村研究室の活動は閉鎖騒動とは関係なく旺盛な研究活動を展開して重要な物質を発見していた。メルク社と共同で研究していた動物薬として空前のヒット製品に結びつく化学物質の効能と毒性、その作用について研究したのもこの時期である。このころ微生物由来の有用な物質を発見するスクリーニングで新しい方法をいくつか確立し、それが大きな威力になっていた。そのころ発見したもので後年、脚光を浴びることになったのが生化学を研究している人で知らない人はいないと言われるスタウロスポリンである。大村研究室でストレプトマイセス属の放線菌から発見したのは１９７７年11月のことだった。

科学研究の現場ではよくあることだが、最初の発見のときはあまり注目されなくても後になって脚光を浴びてくるケースがある。本来の役割や効能がよく分かっていない時期には誰も関心を示さないが、あるとき何かが解明されると同時に、にわかに注目を集めることがある。スタウロスポリンはまさにそのような物質だった。

大村研究室には学部の学生が多数所属する。ドクターコースの学生なら別だが４年生の学生には分かりやすいテーマを選ばなければ興味を示さない。そこで考えたのが、微生物の作るものには無駄なものはないという考えから、まず微生物が産生する化学物質を見つけようということだった。見つけた後で活性を調べてみようと思ったのである。このようにして発見されたのがスタウロスポリンである。

スタウロスポリンを大村研究室が発見してから９年後の１９８６年、協和発酵の研究グループが、「スタウロスポリンは、プロテインキナーゼCの阻害剤である」と発表した。プロテインキナーゼとはタンパク質分子にリン酸基を付加する酵素である。その中でもカルシウムに依存したプロテインキナーゼをプロテインキナーゼCと呼んでいる。元神戸大学学長の西塚泰美が発見した酵素であり、西塚はこの発見の業績でノーベル生理学医学賞の受賞は確実とまで予想されていた。しかし西塚はその栄誉に浴することなく2004年11月4日、72歳で死去する。

細胞はさまざまな機能を維持するため、細胞内のタンパク質をリン酸化したり脱リン酸化する反応を繰り返している。このリン酸化によってタンパク質は酵素を活性化させたり、他のタンパク質等との結合状態を変化させている。細胞内のタンパク質のうち30パーセントはキナーゼの影響を受けて変化し、細胞内でのさまざまなシグナル伝達や代謝の調節因子として機能している。キナーゼ遺伝子はヒトゲノム中に約500種類あり真核生物の全遺伝子の約2パーセントを占めていると報告されている。

このように重要な働きをしているプロテインキナーゼCの働きを阻害することが分かると、研究は思わぬ方向へと発展していく。いろいろな誘導体も作られて抗癌剤として臨床実験に使われているものもでてきた。大村研究室でもこの活性の特徴は何かと調べてみると、いろいろな種類のタンパク質をリン酸化する酵素の阻害剤であることが分かった。研究現場では細胞内の化学的な反応を調べるときの試薬として使われるようになる。

たとえば神経が作用する細胞が分裂したり分化したり、あるいは細胞が動いたり機能をする場合にはそこには必ず信号が入ってくる。シグナル伝達と呼んでいるが、この研究にスタウロスポリンがよく使われるようになる。

大村研究室で、１９９３年に発表された論文でスタウロスポリンが論文のタイトルについているものがどのくらいあるのか調べてみたことがある。すると1年間で、６２４編にスタウロスポリンという名前が入っていた。一般的に研究成果を論文として発表した場合、その論文内容がどのくらい国際的に評価されているかを客観的に見る指標は、他の論文にどのくらい引用されているかその頻度を見ることである。大村の研究分野で言えば、発見した化合物がどのくらい有用であるのかを客観的に計るのは、その化合物がどのくらい論文に出てくるか、あるいは研究に使われているかを統計的に見ることで分かる。

１９９1年から２０００年までに、大村研究室で発見された化合物を使って研究し、論文で発表されたものがいくつあるか調べてみると、セルレニンは10年間で２１４編の論文、スタウロスポリンの場合は1年間で５００編の論文が発表されていた。

世界中で一番売れている薬がスタウロスポリンだと言われたこともあった。大村研究室は特許を持っていたので、スタウロスポリンが使われるようになるとロイヤリティ収入が増え、研究費もその分潤沢になっていった。

新しいスクリーニングを次々と開発

微生物が産生する化学物質を天然有機合成物と呼んだり、抗菌活性があればこれを抗生物質と呼んだりするが、ここでは化学物質と呼ぶことにする。この物質を探す手順と方法をスクリーニングと呼んでいる。この方法にはさまざまなやり方があるが、大村研究室では、学問分野を超える手法と効率のいい独自のスクリーニングを開発し、次々と新しい化学物質を発見して特許を取得し、学会に発表して学術活動にも大きな貢献を果たしている。新しい化学物質を発見した最大の功労者は研究室の優秀なスタッフという人的な資源と効率のいい斬新なスクリーニングの確立であった。

大村研究室の研究目的は、ここでも何度か触れてきたように微生物が産生する有用な化学物質を取り出し、実用化して世の中で役立てるというものだ。そのために大きく分けると3つのステップがある。第1は、有用な化学物質を産生している微生物を発見することだ。第2は、その微生物が産生している有用な化学物質を単離して構造決定をすることだ。第3がその化学物質の作用機序を研究して実用化に進め、世の中で役立つようにすることだ。

これらの研究過程では、第1から第3までそれぞれオーバーラップしながらときには横に広がりあるいは縦に深掘りしながら、研究は際限なく広がっていく。大村は、「私は自分の領域ということに、あまりこだわって考えたことがない。面白いと思ったらどんな領域でもやっていこうという考えだ。いろいろな学問分野の研究者とディスカッションする中で、素人なりの面白いことが発見できる。するとそれをやってみようとなるわけです」と言う。

大村が常日頃から考えていることは「人と同じことをやっていると、うまくいってもその人と同じレベルで止まる。独自のことをやると、人より悪い場合もあるが人を超えるチャンスが生まれる」ということだ。これだと思って研究を進めるとピント外れのときもあるが、むしろ専門家から見ても面白いということの方が多い。自分たちのアイデアを取り込み、教科書にのっているとかのっていないなどにはこだわらず、自由にスクリーニングの系を組み立てていった。こうした研究活動の源泉になるのは好奇心であると大村は言う。「絶えず好奇心をもって向こう見ずにやる。自分のように雑科学とも言えるような境界研究を進めている研究者に会ったことがない。だから他の人ではできなかったであろう研究成果をあげることができたのではないか」と言う。これが大村式の研究活動のエネルギーであり、結果的に新しい化学物質を発見することにつながっていった。

微生物の二次代謝産物の中から、目的とする化学物質をスクリーニングする際、いかに効率のいいシステムを組み立てるかはきわめて重要なことだ。大村研究室はこのシステムを確立するのに、じっくりと2年くらい時間をかけることもあった。優れたスクリーニングを行うためには、目的物質を検出するのに適した生物材料のバクテリア、動物細胞、酵素などを用いること、少量の化合物、培養液でも短時間で容易に活性が検出できることなどの条件が整っている必要がある。スクリーニングを行う過程において特に大事なことは、スクリーニングはルーティンワークではないことを担当者によく理解してもらうことだと大村は考えていた。

たとえば化学物質の取り込み阻害の比率を見て、細胞壁の生合成阻害剤であるか否かを見分ける場合、薬剤の高濃度と低濃度における値の変化を見つけることで新しい物質か否かをおおよそ見当つけることが重要だ。機械的にスクリーニングをしていただけでは、新しい物質の発見につなげることはできない。これは研究者のスクリーニングに対する心がまえにかかってくる。

スクリーニングをルーティンワークとしないために、大村研究室の研究者は、それぞれ基礎研究のテーマを持ちながらスクリーニングに取り組むことを義務付けた。もちろんロボット操作で行ったり、コンピュータ化する部分は効率化の観点から実験過程の中にうまく取り込んでいった。

ある興味深いスクリーニングの例

通常の微生物は、ビタミンM、ビタミンB_9などの水溶性ビタミンとして分類される生理活性物質の葉酸およびその関連物質を外部から摂取することができない。また、合成抗菌剤・化学療法薬の総称であるサルファ剤（生物由来ではないため抗生物質とは呼ばれない）によってこの葉酸の生合成が阻害されると微生物は死滅する。ところがある微生物は、この生合成の一部を欠いているにもかかわらずチミンやセリンなどの生合成に必要な葉酸関連物質を外部より取り込んで成育することができる。なぜだろう。

そこで大村研究室は、ビタミン定量用の培地を用い葉酸代謝に関係する物質がある環境下で、この菌に対してどのように変化するかを調べた。そして葉酸代謝に関与する化学物質をスクリーニングすることができた。このスクリーニングで、新しい阻害物質である化学物質を見つけることができた。この物質は、その構造にちなんで「ジアザキノマイシン」と名付けられた。

研究室でスクリーニングした結果が、すべて目的通りの有用な化学物質の発見につながるとは限らない。成功することもあるが失敗することも少なくない。しかし発見した化学物質が仮に実用化されなくても、自分たちが発見した化学物質を用いて応用研究を行う場合もある。それは、その成果をスクリーニングにフィードバックするためでもあり、スクリーニングに対する情熱と資質を高めるためでもある。

ノーベル賞受賞者のブロックと共同研究でやったセルレニンも、実用化を断念した後、抗菌スペクトルを見直したところから新しい研究テーマを見つけた。そしてセルレニンが脂肪酸の生合成の特異的な阻害剤であることを突き止めた。当時、タンパク質、核酸、細胞壁などの生合成を阻害するものは多く知られていたが、脂肪酸の生合成を阻害するのは、このセルレニンが初めてであり評価された。その後、多くの研究者の協力を得てセルレニンが脂肪酸の生合成の最も重要な段階の一つである縮合反応を阻害することを明らかにした。そして東大の奥田重信のグループと共同研究をしながらさらにセルレニンの作用機序の研究を発展させ、ブドウ球菌、肺炎球菌や赤痢菌、大腸菌などの感染症に使われるテトラサイクリンやリケッチア、クラミジアなどの細胞内寄生菌などに適応されるある一群の化合物の生合成は、すべてセルレニンによって阻害を受けることを明らかにした。

遺伝子操作によるハイブリッド化学物質を実現

セルレニンの作用を利用して大村研究室は、目的とする化学物質を微生物が産生するように遺伝子を操作する研究にも取り組んだ。微生物にセルレニンを作用させ、ある化学物質を作れなくしておく。そこへ構造上非常に似ている他の微生物の産生する物質を加えてやると、それが取り込まれて新しい構造を持つ化学物質を産生することを発見した。この新しい物質はキメラマイシンと名付けられ、これはある生合成の製造設計とも言うべき遺伝子と、別の物質の生合成遺伝子だがよく似ている遺伝子を一緒にするとその遺伝子が入れ替わって新しい化学物質を作っているのではないかと考えた。しかし遺伝子を入れ替えるような研究は大村研究室はやっていなかったので、遺伝子操作の研究はできなかった。

イギリスのジョン・イネス研究所教授のホップウッドらは、遺伝子の運び屋であるプラスミドと放線菌の遺伝情報について詳しく研究をしていた。大村はホップウッドが日本に来たとき山中湖に案内し、ホテルで彼とディスカッションをした。そのとき、セルレニンを使って研究を進めていた微生物が作る化学物質の一部を別の微生物に産生させる実験結果から遺伝子操作で遺伝子を移すことができるのではないかということを話し合った。目的にしている遺伝子の部分だけ切って移すわけにいかないのでプラスミドという遺伝子の運び屋に遺伝子を移し、プラスミドを別の微生物の遺伝子に取り込ませて新しい物質を作らせるという方法だ。

大村はこの研究を共同でやろうと提案し、ホップウッドはすぐにこれに賛成した。大村研究室は遺伝子を組み換えて新しい抗生物質を作り出すというアイデアとその生産微生物を持っていたので、遺伝子操作に慣れていたホップウッドらと共同で進め、新しい化学物質を作ることができた。この新しいハイブリッド化学物質は、「メデルロジン」と名付けられたがこれは微生物の遺伝子操作によって得られた世界で最初の化学物質であった。この研究が完成し、科学ジャーナルの「ネイチャー」に共同研究として論文を発表することになったときホップウッドはアイデアと微生物を提供した大村に敬意を表し、論文著者の最後に大村の名前を入れたいと手紙で提案してきた。

論文著者が複数あった場合、名前の序列のうち最後にある研究者名はラストオーサー（Last Author）と呼ばれている。その論文をまとめたボス、つまりありていに言えば研究グループの中でも一番偉い研究者がその位置に名前を記すのである。その栄誉を大村に譲ろうという申し出である。国際的な研究活動を展開している一流の研究者は、他人のアイデアを尊重していい仕事をすればきちんと評価をしてくれる。大村はそれを肌で感じ非常に嬉しかった。

分かりやすいテーマで取り組むことが大事

学生には分かりやすいテーマとして、微生物を使って除草剤を見つけるというテーマを考えた。目的を除草剤とすると学生にも分かりやすい。肥料には硝酸・アンモニアなどがある。植物の根から窒素肥料として硝酸などの形で植物体内に入ってくると、中で代謝してアンモニアになる。アンモニアはグルタミン酸と結合してグルタミンとなり、植物体内にキープされる。そして必要なときに使われていく。ところが、このアンモニアが蓄積すると植物は枯れてしまう。

そこでこの過程のグルタミン酸にアンモニアが結合する反応に関わる酵素を阻害する化学物質を見つければ、アンモニアが蓄積して植物は枯れてしまうので除草剤になるのではないか。ある培養液を入れるとある微生物が生えなくなるが、グルタミンを入れると生えてくるものをスクリーニングで見つけた。これはフォスアラシンと名付けたが明治製菓がほぼ同時期に同じ作用をする別の物質を見つけ先に売り出してしまった。

普通の微生物は、細胞にセルロースを持っていない。セルロースを持っているのは、特定の属の微生物だけだ。この微生物は自身でセルロースを合成していてセルロースがないと成育できない。この微生物だけを阻害し一方で別の微生物には影響のない化学物質を見つけようと研究を続けていった。そして植物を枯らす作用があるフトラマイシンとフトキザリンを発見した。

第9章 ● 研究経営に取り組む

北里研究所の監事となる

1981年4月1日、大村は北里研究所の監事となった。大村は、監事とは経営のお目付け役であると考え、単に名前だけで傍観するような監事にはなりたくないと考えた。というのも北里研究所は大村研究室の閉鎖を命じてきたように経営は非常に苦しいことが分かっていた。どのように再建していくべきかまず経営の状況を徹底して調べてみたいと考えた。このとき、大村の生来の気質である何事も半端にしないで徹底的に研究するという気構えがむらむらと燃え上がった。「経営を研究する」というのはよく聞くことだが、「研究を経営する」という言葉は聞かない。大村は、この「研究を経営する」という視点で監事を務めることにした。

監事は理事会に出席するが、はじめの2回くらいは理事の発言をおとなしく聞いていた。しかし議事進行も発言内容もいかにもおざなりだ。誰に責任があり誰が経営の当事者なのかよく分からない。事務方に聞いてみると、歴代の監事は言われたまま判を押しているようだ。大村はこれではいけないと思ったが、さて財務のことはまったく分からない。経営学もやったことがない。

何か発言するにしても財務のイロハも知らないのでは相手に対し説得力がない。これは勉強しないといけないと思った。

そこで経営についての書物を買いあさっては読んでみた。2011年に筆者が山梨県韮崎市の大村の実家に取材に行ったときに、よく整理された書庫を見せてもらった。そのとき大村は、「書庫を整理しているとき経営に関する書物があまりに多いので数えてみたら100冊ほどあった」と言った。それくらい買って読んだのである。「我ながらよく勉強した」と大村は述懐していた。

財務や経営に関する書物を買って自宅に帰ってくるとその本ばかり広げている。しかし書物をいくら読んでも、概念的には分かっても具体的にはよくのみ込めないところがある。妻の文子に、経営学を勉強したいが誰か個人教授してくれるいい人はいないかと相談した。

文子が自分の母校の嘉悦学園の恩師に相談すると、恩師は経営学の専門家である井上隆司を紹介してきた。井上は税務に関する一般向けの本を多数出版しており、テレビ番組にも引っ張り出されるような売れっ子だった。大村と井上は月に1回、ホテルのレストランで待ち合わせをしては勉強会を開催し、貸借対照表から始まる財務諸表の見方まで徹底的に勉強した。そして研究所の財務諸表を見たところ北里研究所は経営的にはほとんど破綻していることが分かった。企業ならいつ倒産してもおかしくない財務状況になっている。しかし研究所の中では財務担当の理事以外、誰1人としてそのことに気が付いていなかった。

北里研究所の監事は大村のほかにもう1人いた。日本興業銀行の副総裁を務め東洋ソーダの会長を務めていた財界人の二宮善基である。二宮は北里柴三郎の娘と結婚した人で、北里研究所や北里大学の役員をしていた。柴三郎の姻戚関係者だから北里研究所の存続には理解がある。二宮に「いま、北里研究所の経営者とは何をどう考えてやるべきか勉強をしています」と話をしたところ、二宮も親身になって大村の話を聞き、競争社会の中で日々闘っている企業経営の厳しさを語って聞かせた。大村は二宮の話を聞いて、経営者というのはやはり大学の教員とはまったく違うと思った。生ぬるい、いい加減な考えで北里研究所を経営していては必ず破綻する。そのとき大村は、監事である以上、純粋な経営者の考えに立ってやらなければならないと思った。大学の教師であり研究者だからこの程度でいいだろうというような甘い考えでは、絶対に取り組まないと心に誓った。

財務諸表を詳細に調べてみると、北里研究所の借入金残高が金融資産残高を大幅に上回っていた。預金より借金が上回っていたのである。研究所の貴重な収入源であるワクチンの売上まで運営資金として北里学園に寄付し、しかもワクチンの在庫を増やしてあたかも利益が出るようにしていたことを大村は見抜いた。毎年社員総会では黒字だといいながら、在庫を資産とみなして計上しているだけだった。実質的には赤字だったのである。

北里大学の母体となっている学校法人北里学園の経営を軌道に乗せるために、研究所の土地や資産をそちらに回し、人材までも大学に移っていた。過去の財務状況は、研究所が何でもかんでも大学につぎ込むというような状態だった。とにかく大学を育てなければならないという意識で北里研究所も北里学園も固まっていた。大村は、これではいけないと思った。北里大学はもちろん大事ではあるが、そちらに経営資源を投入するあまり北里柴三郎の創設した伝統ある北里研究所をつぶすようなことがあったら大変なことになる。

理事会で大村は、北里研究所のこんな経営方針ではだめだということに言及した。当時一番若かった大村の発言に苦々しい顔で聞いている理事もいた。ある理事は怒りの態度を隠そうともせず、憤然と席を蹴って会場から出ていった。その理事は、ワクチン関係の大家であり、北里研究所にとってワクチン事業はドル箱になっていた。そのドル箱で研究所を支えているのに経営がおかしいとは何事かと理事は考えたのだろう。しかしその理事は実際には経営のことは何も分かっていなかった。後になって大村は各製品の原価計算をすると、１００円の原価のものを40円くらいで売っているものがたくさんあった。これを理事に説明するとびっくりしていた。その後その理事は大村の言い分を信じるようになり、最後には大村の一番の応援者になってくれた。

また大村は、大学に流れていく金にストップをかけるように提案した。そして自分たちで研究所の経営改善を推し進めるよう理事たちを説得した。大村が財務状況を調べて一番深刻だと思ったことは、北里研究所病院の赤字体質であった。病院経営はどこも大変だとは聞いていたが、これほど悪いとは思っていなかった。この金食い虫を何とかしなければ研究所の再建は難しい。大村は病院対策で日夜、考えることが多くなっていった。そのほかにも東洋医学総合研究所や生物製剤研究所の合理化なども大きな課題だった。

１９８２年8月、大村は監事として、北里研究所所長の吉岡勇雄に「上申書」を提出した。もちろん理事会へ宛てた上申書でもあった。上申書には「北里研究所の繁栄は、北里大学にとっても重要であり、両者の独立かつ健全な運営は、オール北里の相乗的発展への道である」と書いている。そして、「北里研究所における現行の事業をみるに先細りの感は免れない。これを立て直すには新しい事業計画が必要である」として、新しい第二病院の新設を提案した。この第二病院の提案は、後になって埼玉県北本市に建設した北里研究所メディカルセンター（ＫＭＣ）病院の完成となって実を結ぶことになる。

副所長に昇格して薬学部の教授を辞める

１９８４年5月、監事を３年やった大村は、北里研究所の理事・副所長に昇格した。当時の所長の水之江公英が大村の手腕を買って自分の右腕にしようと引っ張りあげたのである。監事になったのも水之江の後押しがあったからであり、大村はそれを知っていた。今度もまた水之江の引きである。その後もことあるごとに水之江と大村はコンビを組み北里研究所の経営に貢献する。２００７年11月8日、水之江は93歳で亡くなったが、そのとき水之江の娘が大村に次のようなことを言った。

「父は、自分は研究所において大きな仕事はできなかったが、大村を絶えず抜擢して所長までやらせたのは大きな功績だったと、いつも言っ

水之江公英（1914－2007年）

ておりました」

それを聞いたとき大村は胸が熱くなった。水之江の後ろ盾があるから自分は思うようにできたと常日頃から感謝していたので、その言葉には心底嬉しく思った。

副所長昇格の話を所長の水之江から内示されたとき、大村は北里大学薬学部の教授を辞任しようと考えた。薬学部の教授の椅子に座り、研究所の方がうまくいかないときはいつでも逃げられるような態勢になっていてはだめだ。退路を絶ち、本気で研究所立て直しに取り組むことを自らに言い聞かせ、周囲の人間にも自分は本気だということを分からせなければならない。口だけ出しても周囲がついてこないだろうと思ったのだ。研究所の皆と一緒で、ここがだめならオレも食えなくなる、皆必死になってやろうじゃないかというメッセージにもなる。自分は大学の教授としてやっていくよりも、北里研究所を立て直せばより社会貢献になると大村は本気で思った。

妻の文子にその決意を伝えると「研究者の妻としてやってきて、ようやく教授になったのに10年も経たずに辞めてしまう。経営者として研究所に帰るなんてそんなことは止めてください」と強く反対する。しかし大村は「研究所を立て直すことは、どのくらい大きな仕事になるか分からないじゃないか」と諭すと「私は研究者と結婚したのに、それを辞めるのは納得いかない」と譲らない。最後は「あなたはいつも待遇がよくなってくると辞めるから、給料がさっぱり上がらない」とぼやく。それでも大村は本気になってこの職務を全うしようと決意していた。

それまでの経営のお目付け役の監事から今度は経営側の理事・副所長となり文字通り経営を手がけることになる。大村はまず赤字垂れ流しになっている芝白金の病院経営について、専門家に依頼して詳細な経営実態を調べてもらった。この病院は北里柴三郎が建てた伝統ある病院である。一方、ワクチン製造部門の人員を３分の２にするなど経営の合理化に着手した。

問題点は次々と出てきた。これを一つずつ片付けながら経営を正常に戻していくには司令塔である病院長の力が大きな比重を持つ。そこで大村は、病院の経営をしっかりとできる人物をスカウトし、その人に率先して経営をしてもらうことが重要であると考え、理事会に病院長の交代を提案した。

理事の人たちと病院長の人選で話をするうち、誰からともなく外科部長をしている河村栄二をおいてほかにいないという話になる。大村が河村の名前を初めて聞いたのはヒマラヤのカラコルム登山隊隊長として登頂に成功して帰国したときであった。登山隊長は、隊員全員を統率して隊員の力を結集し、登頂という目標を達成しなければならない。その力量は並大抵のものではない。その大目標をやってのけた人物とあれば病院経営は十分にやっていけるはずだ。若いころは日本脳炎や慢性便秘症の治療法などの論文を書いて発表し、後年は消化器癌の化学療法の研究に取り組んでいた。誰もがこの案に賛成しすぐに河村病院長の人事が発令された。

河村は病院長になるとまず、誰よりも早く出勤してきて病院内を見て歩くことから始めた。院長の率先した態度は、たちまち病院の医師をはじめ、看護師、そして職員ら関係者に伝播し病院内は見違えるように引き締まっていく。無駄を省き、率先して仕事をするようになり財務も着実に成果を上げて、赤字続きであったものが正常に経営されるようになった。経営が人によってこんなにも違っていくことを目の当たりにした大村は、自分の考えが間違っていなかったことを実感した。

特許の収入で立て直しをはかる

研究所の立て直しで、大村には当てにしている資金があった。そのころメルク社と共同で開発した抗寄生虫の動物薬、エバーメクチンに関する特許料が順調に入ってくるようになっていたからだ。ただ心配なのは、為替変動であった。製造業を中心とした経済活動は右肩上がりの勢いがあり、工業生産のいろいろな指標でアメリカを抜いていったころである。モノ作りの根幹にある工作機械の生産高と金型生産高がいずれもアメリカを抜いて世界トップになるのは1982年である。技術レベルではほとんどの分野でアメリカに追いつき、世界のトップに躍り出ようとしていた。

メルク社からの特許ロイヤリティ支払いはドル建てである。為替変動で入ってくる特許料が下がったり上がったりしている。変動しなければ年間約40億円近くの特許料が入るはずだったが、年々円高が続いて一時的に3分の1くらいの価値に目減りしてしまうこともあった。それでも平均して年間約16億円がメルク社から北里研究所に特許ロイヤリティとして支払われてきた。特許ロイヤリティ収入は真水の純益である。製造業ならこれだけの純益を上げるには、利益率を10パーセントとすれば売上高をこの10倍あげなければならない。160億円の売上がなければ、16億円の純益は出てこない。大村は、改めて特許の偉大さを感じることになる。特許ロイヤリティの収益で北里研究所の財務状況は好転し始めている。大村の指摘によって、無駄なところを削減しそれまでのどんぶり勘定は是正されてきていた。

大村が所長を退くことになったとき、１９８1年に監事になって北里研究所の経営に深く関与し始めたときから、２００３年に所長を辞するまでの研究所の借入金残高、金融資産残高、特許ロイヤリティ収益を調べてみた。特許ロイヤリティ収益の貢献度は一目瞭然であった。１９８４年から急激に増加したロイヤリティ収益は１９８８年ころから毎年15億円前後を維持しながら10年ほど続く。これだけでもざっと１５０億円のキャッシュを北里研究所にもたらしたことになる。この間、埼玉県北本市に北里研究所メディカルセンター病院を建設、１９９２年には生物製剤研究所、１９９４年には看護専門学校を建設する。並行して港区白金構内の病院を増改築して整備するが、その原資はこのロイヤリティ収益を主に、柏市や目黒にあった不動産売却収入などをあてたものであった。

ひところ北本の病院建設のための借入金を含め１００億円もあった借金も着実に減少し、２０００年ごろにはゼロになっている。研究成果を特許として権利化し、それを企業に役立ててもらい、その代わり特許ロイヤリティを研究資金として還元してもらう。産学連携の典型的なモデルになるようなことを、大村は産学連携など誰も言っていなかった時代に実現したのである。それもこれも大村がウェスレーヤン大学に客員教授として招聘され、アメリカの大学の研究者の活動を見たとき、日米に差があるのは頭脳ではなく研究資金であると喝破したことにあった。大村は大型の研究資金の導入に成功し、積極的な研究活動を指揮して学術的な成果を見せてくれた。日本ではかつて例がない産学連携の成果を形のあるものとして実現したのである。

研究所と大学との二人三脚を推進

大村が提案した新しい第二病院設立の構想に着手することになったとき、ここでも大村は、この構想の実現に河村を担ぎ出すことになる。1985年3月に発足した新病院建設準備委員会の委員長となってもらい、病院建設の陣頭指揮をとってもらった。その結果、河村や北里研究所メディカルセンター病院開設準備室室長であった村岡松生をはじめ、病院スタッフの努力で、北里研究所メディカルセンター病院、通称KMC病院を1989年に開院することができた。

大村と河村のコンビはその後も続く。大村が1990年6月に北里研究所理事・所長になったときには河村に副所長になってもらい、最初の仕事が芝白金の病院東館の建て替えの準備であった。このときは北里学園側から小林凡郎ら2人が出席し、北里研究所からは大村と河村が出席した。4人の話し合いになるので、「4者会談」と呼び、建て替えに関する学内外と研究所内外の環境を整えた。北里研究所の経営の難しさは、研究所独自の判断で事業ができず、絶えず北里大学との話し合いをしながら、大学の了解を得ていかなければほとんど何事もできないような状態だということであった。白金の病院建て替えに関わることでもそのような事情が多く、話し合いはずいぶん難航した。

しかし交渉相手となった北里学園側の小林は素晴らしい人柄だった。1947年（昭和22年）に東大医学部薬学科を卒業し、北海道大学医学部薬学科の助教授を経て新設の北里大学薬学部の教授として招聘された。北里大学の評議員の後、3期6年間薬学部長を務め、さらに学長にも選任された。色白で穏やかな貴公子然とした風貌と物腰、世事や金銭にほとんど興味を示さない清廉な人柄であり、温厚で他人と争うことはしなかった。河村、小林という人にも恵まれ、４者会談は着実に進展して白金の新病棟建設が実現する。

第10章　活発な研究活動と外国での評価

年とともに大成していった大村の業績

大村の研究生活を1960年から10年刻みの時系列で見てみると、60年代は研究者になるための助走期間であった。夜間高校の教諭から東京理科大学大学院での学業、そして山梨大学の研究者となり北里研究所への入所から一人前の研究者への修業時期であった。

70年代の10年間は、ウェスレーヤン大学での客員教授という経験から世界的に活躍する研究者たちとの人脈を広げ、産学連携で大村方式を確立し、潤沢な研究資金を使って研究室の基盤を固めていった時期である。産学連携などという言葉は、このころ日本では誰も言っていないし誰も考えていなかった。大村はアメリカで見てきたやり方を日本に持ち込み、さらに微生物から有用化学物質を抽出する新しいスクリーニング法を次々と開発していった。

80年代は、北里研究所の監事となり経営を勉強する機会をとらえ、研究所の立て直しに取り組んだ10年である。北里大学薬学部の教授を辞し、研究所に骨を埋める覚悟で取り組み、埼玉県北本市に新しい病院の建設を実現するなど目覚ましい活躍をした時期である。研究の方も引き続き新しい知見を次々と発表し、イベルメクチンなどの特許ロイヤリティ収益が急激に増加して大村研究室の地歩を不動のものとした。

90年代の10年間は、北里研究所の所長に就任し、これまでの業績の蓄積が国内外の評価を受ける時代となり、日本学士院賞、紫綬褒章、藤原賞などを受賞し、欧米で開催される学会、シンポジウム、セミナーなどの招待講演が増え、研究室の学術研究も新しい手法で発展していった。

この中でも1987年6月に行われた北里研究所所長選挙は、大村にとっては人生の岐路になる運命の選挙だった。北里研究所は当時社団法人であり、所長になるには約50人の社員総会の投票で決めることになっていた。大村を副所長から所長に引き上げようとしたのは当時の所長の水之江である。しかしこれに反対する勢力が所内に静かに根を張り始めており、大村が所長になると年寄りはみなクビになるとか、現在の理事たちはみな理事からおろされるなどの風評が大村らの知らないうちに所内に広がっていた。選挙の直前、風評に気づいたある教授が躍起になって打ち消しに奔走してくれた。選挙のふたを開けてみれば1票差で水之江所長と大村副所長が再任された。

大村は当時のことを思い出して「薄氷を踏む思いとはまさにこのことでした」と苦笑交じりで語っているが、それから3年後には所長になり、17年間務めることになる。任期満了後の再任選挙では、いつも無投票に近い圧倒的な支持だった。初めて副所長になったとき、水之江は「好きなようにやれ。何かあったらすべておれが責任をとる」と言ってくれた。しかし大村は、何か重要な行動を起こすときにはいつも水之江に相談していた。

大村は所長になる際、自分の研究室を持たせてほしいという条件を出していた。文子が研究をやめたらだめだ、何があっても続けてほしいといつも大村を励ましていたからだ。そのころ大村研究室では多くの企業から共同研究という形で研究資金を出してもらっていた。それを活用して新たな研究テーマに挑戦する日々だった。

国際的な学術賞を受賞する

大村が後年になってもよく語るのは、1985年、初めて受賞したヘキスト・ルセル賞である。アメリカ微生物学会の化学療法部門の最高の賞と位置付けられており、受賞の連絡を受けたとき大村はびっくりした。エバーメクチンの発見をはじめ一連の微生物由来の化学物質の発見の業績が評価されたものであり、この仕事が国際的に認められたことが非常に嬉しかった。このとき大村がつくづく思ったことは、日本の英文誌か海外で発行されている学術雑誌に論文を発表するという自分の方向は間違っていなかったということである。

ヘキスト・ルセル賞受賞後、ルセル社にて講演（1986年）

研究者になりたいと父親に相談したとき、日本ではなく世界を相手にやれといった言葉や、東京理科大学大学院で師事した教授の都築洋次郎が語った「論文は英語で書きなさい。日本語で書いても外国人は読めないから何の意味もないのだよ。国際的に通用する研究者になりなさい」という言葉を思い出していた。その当時、英語で論文を発表しても果たして日本で評価されているのかどうか、大村自身もよく分からなかった。ヘキスト・ルセル賞を受賞したせいでもないだろうが、翌年の1986年、大村は「日本薬学会賞」を受賞する。

大村は常日頃から大村研究室のスタッフに対しては、オリジナルの重要性を説いていた。微生物由来の有用性のある化学物質を追い求めている大村研究室は、「新物質の発見こそオリジナリティーの原点である」という言葉を口ぐせのように研究員に語り、それを言うことで大村自身、自分に言い聞かせていた。受賞したとき日本人の仕事が海外で認められるようになるには、いつも壁があることを感じながら、これを打ち破るように頑張ってきた甲斐があったと思った。

大村研究室の研究活動は、微生物由来の医薬品開発につながる化学物質を発見するというテーマから酵素阻害剤などの生理活性物質の発見とその作用機序の研究など範囲を拡大してきていた。さらに動物細胞を使いながら新しいスクリーニング系を組み立てることなどにも着手しており、活気ある研究室としてますます存在感を出してきていた。

ハーバード大学の研究者との交流

大村の学術交流とその人脈は、国際的に活躍している有機化学分野の権威者やノーベル賞受賞者がキラ星のように並んでいる。いい仕事をすればその専門分野の第一人者との交流が広がり、情報交換と討論の場が広がり、最新の研究方法や研究成果を知ることができる。このような人脈と交流によって世界の最先端の研究動向を知ることができ、その水準をもとに自分たちの研究を組み立てるので常に最先端を走ることができる。これは研究現場で優れた成果を出している研究者の特権であり、互いに触発できる相乗効果は計り知れない。

大村は、研究室のスタッフにことあるごとに「レベルの高い人とお付き合いすることが大事である。レベルの高い人たちと付き合っているといつしか自分もそのレベルになってくる。そのためには自分を磨いて、いい仕事をしなければならない」と言い聞かせる。それは自身の体験から自然とつかんだ教訓であった。

ノーベル賞受賞者の周辺から次のノーベル賞受賞者を輩出する。1987年に「多様な抗体を生成する遺伝的原理の解明」の業績でノーベル生理学医学賞を単独で受賞した利根川進も「先端の仕事をしている研究者と付き合わなければ、最新の情報は入ってこない。ノーベル賞受賞者のところには先端の情報が入ってくる。情報がなければ、他人に先んじて成果を出すのは難しい」と語っている。大村の研究成果は世界のトップを走っているので、年々国際的なセミナーやシンポジウムの基調講演などに呼ばれることが多くなり、そこでまた交流の輪が広がっていく。

1993年の晩秋、アメリカ東部地方に出張した大村は4つの大学を訪問し、2つの大学で特別講演を行った。彼を招いたのは、ハーバード大学のエリアス・コーリーとペンシルバニア大学教授のエイモス・スミスである。コーリーは1990年に「有機合成の理論および方法論の開発」の業績でノーベル化学賞を単独で受賞した。彼の専門分野は、大村らが自然界に生息する微生物の産生する有用な化学物質を発見するのと違って、天然有機化合物を合成するものである。コーリーは、化学反応の生成物がどのような物質からできていくのか川下から川上にさかのぼって逆合成する方法を理論的に確立した。コンピュータを駆使して多くの化学反応のデータベースを蓄積し、新しい化学合成法を発見する手段に使った。

ノーベル化学賞を授与する王立スウェーデン科学アカデミーは「コーリー教授の開発した有機合成方法は、複雑な分子を簡単に安い物質から作る道を開いたものであり、生活水準や健康の向上に大きく貢献した」と称えた。

コーリーが大村をハーバード大学のセミナーの講演に招待したのは、2年前1991年に大磯で開催したシンポジウムに招待されたことへのお返しの意味もあった。研究者らはときとしてお返しの招待をして交流を深めていく。大磯のシンポジウムでは、大村がまだ論文として発表していなかったラクタシスチンという微生物由来の化学物質の発見を発表した。ラクタシスチンはその後の研究で、プロテアソームというタンパク質の分解を行う巨大な酵素複合体を特異的に阻害する物質であることが分かり、今ではさまざまな研究現場で利用されている。

大村はこの化学物質のスクリーニングでは、マウスの神経芽細胞の癌化したものを使って行ったが、特殊な動物細胞を使って生理活性物質を見つけたケースとしては初めてであった。ラクタシスチンが発見される前まではタンパク質というのは適当にプロテアソームで壊れていくと思われていた。どのように調節されるか分かっていなかったが、ラクタシスチンが発見されて初めて分かった。タンパク質を分解しようとするときは、ユビキチンというアミノ酸76個からなるタンパク質があるが、これがあらかじめくっつく。くっつくとこれ全体をプロテアソームが認識して分解していくということが分かった。これによってプロテアソームの研究が飛躍的に進んだ。

コーリーが早速人工合成に成功

大磯のシンポジウムで大村の発表を聞いたコーリーは、帰国後「ラクタシスチンの構造はこれで正しいか」と連絡してきた。大村は、まだ論文として発表していなかったが正しい構造式を教えてやった。コーリーは練達の技法を使ってすぐに合成をしてしまった。コーリーは大村に敬意を払って、ラクタシスチンの活性本体を「オオムラライド」と名付けた。このオオムラライドの骨格を使った抗癌剤も開発されている。

大村がハーバード大学に最後に行ったのは１９７２年の夏の終わりのころである。あれから21年も経っている。あの当時大村はウェスレーヤン大学に客員教授として留学していた。大村はハーバード大学教授のコンラッド・ブロックとセルレニンの共同研究をしている関係で、ハーバード大学には折に触れて行くことが多かった。ブロックは１９６４年に「コレステロール、脂肪酸の生合成機構の調節に関する研究」の業績でノーベル生理学医学賞を受賞している。ブロックを紹介したのは、ファイザー社の研究員のＷ・セルマーであり、セルマーを紹介したのはウェスレーヤン大学教授の大村の恩師、ティシュラーである。ティシュラーは１９８９年に、セルマーは大村が１９９３年に訪米する直前に亡くなっている。世代はゆっくりと交代していくが、学術交流の人脈は切れ目なく引き継がれていく。

コーリー教授（写真右、1990年ノーベル化学賞受賞）とブロック教授（写真左、1963年ノーベル生理学医学賞受賞）と一緒に記念写真（1993年、ハーバード大学・ハーバード・スチューデントクラブにて）

ホテルに着くとメッセージが届いていた。相手はなんとブロックからである。「明日の君のセミナーに出席する。夕食は一緒にしましょう」という内容である。大村はアメリカ留学から帰国した後も、セルレニンの研究の話がでるたびにブロックのことを思い出していた。その当時すでに81歳になるはずだ。大村は元気だったことに安堵しブロックのメッセージを繰り返し読んだ。セルレニンの研究成果は、ブロックと共同で2編の論文を発表したこともあって世界の研究者に知られ、サンプルの要望が殺到したことをまるで昨日の出来事のように大村は思い出していた。大村をアメリカの生化学・分子生物学会の名誉会員に推挙したのはブロックであり、大村とブロックとの親交は終生続くことになる。

翌日、大村は、午前中にボストンの美術

館を訪ねた。大村は絵画などの美術鑑賞が好きだからどこへ行っても寸暇を惜しんで美術館めぐりをする。いったんホテルに帰って一休みし、セミナーの講演の準備をしているとき電話が鳴った。相手はコーリーからであり、「セミナーの前に君を美術館へ連れていこうと思うがどうか」という話であった。大村の趣味を知っているコーリーの心遣いに大村は感激する。すでに美術館を訪ねた後だったので、この誘いはお断りしたがホテルへ迎えに来てくれるということになった。

コーリーの研究室の個室は、図書室、ミーティングルーム、そして可動式の書類整理棚に加えトイレまで付いており、大村が使っている所長室の2倍ぐらい広いものであった。分子モデルが何十個もあちらこちらに置かれ、いかにも有機合成化学の頂点をきわめた研究者の部屋という雰囲気があった。益子焼を代表する陶芸家で国指定の重要無形文化財保持者（人間国宝）に認定されている島岡達三の花瓶をプレゼントすると、コーリーのノーベル賞の授賞式の写真とそのころ出版した学術書にサインをして大村に手渡した。

部屋の壁には、ノーベル賞授賞式のスナップ写真の入った額や、日本人の名前も見える多くの共同研究者の名前を刻んだ二つ折りのプレートや、日本人から贈られたという版画などが所せましと飾ってあった。大村が以前プレゼントした島岡達三の花瓶にドライフラワーが入れられて、瀟洒な机の上の窓際にいくつかの分子模型と一緒に飾ってあるのが見え、コーリーの温かい心配りが感じられた。大村研究室が発見したラクタシスチンの全合成の二報目や、関係する化学物質の合成などを報告した論文のリプリントなどもプレゼントした。コーリーは親日家として知られており、多くの日本人研究者を自身の研究室に受け入れている。ときどき片言の日本語を話すなど、ホスト役として大村への気配りを感じさせた。

大村の詳細な紹介に感動

講演するセミナー室には、70人ほどのポスドクを中心とした人々が集まっていた。最前列にはブロックとコーリーが並び、そして世界的に著名なスチュアート・シュライバーがいた。まさにハーバード大学ならではのセミナー風景であった。講演の前に、コーリーが大村を紹介した。その紹介は大村を知り尽くしているような詳細なもので、大村は驚かされるとともに感極まるものであった。これまで各地で講演をし、紹介されたことは数えきれないが、コーリーの紹介は大村の研究業績とその科学の役割からはじまり趣味に至るまで実に整然としたものであった。

約1時間の講演が終わると初めに質問したのがブロックで、その後かなり細かい質問をしたのが最前列に座っていたシュライバーであった。シュライバーは、ハーバード大学教授であり、「ケミカルバイオロジー」という一つの分野を築きあげた功績でノーベル賞候補と噂されている世界を代表する化学者の一人であった。そのような研究者をセミナーに呼んでいるところにもコーリーの配慮が感じられた。

コーリーも2、3質問したが、若手からの質問は時間の関係があったのか、あるいはこれら3人の質問に気おくれしたのか一つも出なかった。この後、コーリーの勧めで、北里研究所の歴史、北里大学創立から今日までの話をするように言われ、5分ほど時間を追加して話をした。

講演終了後、ブロックが夕食を共にしようと待っている「ハーバード・スチューデントクラブ」へ向かった。そのクラブは、元大統領のジョン・F・ケネディもメンバーであったという学生たちで運営しているクラブである。各種会合を行うホールの他に劇場もあり、その夜は学生たちによる劇が上演されていた。夕食は、2人のノーベル賞学者との夕食であることを忘れるくらい打ち解けたものであり、話題はブロックの友人の話からはじまり、当時の日本の首相の細川護煕のことやロシアと日本の北方領土問題、北里研究所の今後の方向づけなどで話がはずんだ。

北里研究所に「生物機能研究所」を新設した話をしたとき、コーリーは「その名前はエクセレントなもので未来へ開かれている」とほめた。コーリーは「核酸研究所」とか「分子生物研究所」とかその創立時代の流行の名前を付けていると、後で名前に邪魔をされて発展が阻害されるおそれもあると言った。ブロックもこれに同感の意を表した。学問の進展の速さを実感している2人のノーベル賞受賞者のコメントであり、大村には忘れられないコメントになる。

外国人研究者のアンフェアなやり方

学術研究の現場は、世界で初めての発見や初めての理論構成の完成だけが価値を持つ。世界初でなければ、特許も取れないしノーベル賞も受賞できない。当時の蓮舫大臣が先年、事業仕分けのときにスーパーコンピュータの研究開発の予算について審議した際に「なぜ、世界2位ではだめなんでしょうか」と詰問したことがあった。二番煎じでは特許も取れないしノーベル賞も受賞できない。

国際的な研究現場では激しい競争が日常的に展開されている。ハーバード大学のブロックの研究室の隣にいた教授が大村に、ラクタシスチンの作用機序について共同研究をしたいと言ってきた。そのときには大村らはすでに作用機序の研究を始めていたが、ハーバード大学の教授との共同研究ということで北里の研究は中止して何回かサンプルを送った。ところがしばらくして、その教授は研究の結果を単独で発表してしまった。共同研究と言っておきながら、大村らの名前が入っていない。

憤慨した大村は、手紙でなぜだと問い合わせた。先方の言い分は「自分たちが合成したもので調べたものだ」だった。大村らはさらに憤慨した。この分野の研究者なら誰だってそんなことはないと思うだろう。大村からサンプルを送ってもらったからできたのである。

こういうこともあった。あるアメリカの研究者が基礎研究にラクタシスチンが是非、必要なので試料を送って欲しいと要請してきた。基礎研究ということであり、同じ領域の研究者なので送ってやった。ところがその研究者は、ラクタシスチンの試料がなければできない研究をもとに大村らが出願している特許と拮抗する内容の特許を出してしまった。大村らは、まさに寝首をかかれたような心境だった。

大村が国際的な著名な学者から被害を受けたことは何度もある。プリンストン大学のある教授からもやられたことがある。あるとき大村がある仮説を立てていた事項に関する論文を「ネイチャー」誌を読んでいたときに発見した。そこで論文著者に対して、大村らが発見した化学物質を使ってこういうことをすれば、こういう結果が出るのではないかと大村がアイデアを出したことがある。手紙のやりとりで共同研究をやることを合意し、化学物質のサンプルまで送った。実験は大村が言った通りの結果になった。

「ネイチャー」に論文を投稿することになり相手がゲラを送ってきた。その段階では大村の名前が共著者として入っていた。ところが発行されたジャーナルの掲載論文を見ると大村の名前がない。大村は「おかしいじゃないか」と抗議した。すると相手は「自分の知らないうちにポスドクがやったことだ」と言う。これは誰が聞いてもおかしいし、こんな理屈は常識として通らないだろう。

大村の仕事が国際的に評価され、研究者としての名前が大きくなっていくと、共著者としては入れたくないという心理が働くのだろう。大村の名前が入ると自分たちの名前がかすんでしまうからである。大村の存在が大きくなるとともに、ライバル意識が膨らんでいっている証拠でもある。

世界の160の研究現場で使用されるラクタシスチン

1998年に、都立臨床研究所副所長の田中啓二がプロテアソームの研究者を集めて、日本でシンポジウムを開催した。そのときに大村はラクタシスチンの発見者として講演をした。シンポジウムの演者のかなりの人たちが発表の中で大村からラクタシスチンのサンプルを分けてもらい、それを使って研究したと言った。会場の人々から笑いが出るほど、次から次とそのことを語って謝辞を述べた。その中の2人がノーベル賞を受賞した発表者だった。ラクタシスチンを使うことによって、彼らの研究が推進できたのである。

大村研究室がラクタシスチンを提供したのは世界各国の160カ所余の大学や研究グループであった。

「微生物代謝の王」の言葉に感激

1994年10月にスイス・チューリッヒ近くのインターラーケンで開催された「国際微生物二次代謝産物シンポジウム」に出席したとき、大村は国際的な研究の流れの速さを痛感し、大村研究室の見直しをしなければ競争に勝てないと思うようになる。その一方で、世界の研究者たちの多くが大村研究室で発見してきた数々の化学物質とその関係する研究を高く評価したことに深い感銘を受けた。

この学会に来てみて、発表される研究内容のテーマが幅広くなっていることに大村は驚いた。これまで主流だったレセプターアッセイに関する発表は少なく、むしろHPLC－NMRやHPLC－Massなどのように、高度な分析テクニックと高価な装置を組み合わせ、いかに効率よく二次代謝産物を分離して構造を確認するかという演題に注目が集まっていた。

特にヨーロッパの大学が、大掛かりな研究を始めていることに大村は驚かされた。欧米の研究が、まるで大型サルベージ船のように片っ端から代謝産物を捕まえて評価していくことに移行していることは感じていたが、この学会で演題を聞いてみていっそう強く感じた。大村研究室の研究体制も見直しを必要とする時期にきているように思った。

その学会の演者たちの発表の際、大村研究室が微生物由来の新しい化学物質として発見して

日本学士院賞授与式（1990年）

発表してきたナナオマイシン、エバーメクチン、各種マクロライド、メデルロジン、スタウロスポリン、アスカマイシン、キナマイシンなどが多くの発表内容に出てきた。大村は招待講演の中で、新しいＡＣＡＴ阻害剤の発表をしたため、大村に対して注目が増してくる。さらにワシントン大学教授のＨ・Ｇ・フロスは「大村教授は、まさに微生物代謝産物の王だ」（Prof. Omura is more than a King of microbial metabotites.）と言ったときには大村はいたく感激した。このような評価につながった内外の共同研究者に感謝するとともに、この評価を是非彼らにも報告しなければならないと思った。大村はこのような数々の業績が認められ、１９９０年に日本学士院賞を授与される。

１９８１年から始まった中国との学術交流

大村の国際的な学術交流は、研究テーマが微生物学、生化学、有機化学、分子生物学などであるため、どうしてもこの分野で先端を走っている欧米の研究者、大学、研究機関が多くなるのは仕方ないことである。中国は最近でこそ生命科学分野でも成果を出すようになってきたが、2000年以前は先進国との学術交流まではなかなかいかなかった。それでも北里研究所や大村研究室には、多くの中国人留学生が訪れ、大村を師と仰ぐ中国人は年々増えていった。

留学生たちは研究所の寮で生活していたが、困ったのは年末年始の食事である。当時はどの店も閉まってしまい食べるものにも困る。そんなとき夫人の文子がおせち料理をたくさん作り、一升瓶を入れた風呂敷包みを両手に抱えて寮に運んでいた。留学生たちは例外なく文子を母親のように慕い後々まで感謝の気持ちを伝えることを忘れなかった。

絵画や美術に造詣の深い大村は、学術交流だけでなく中国の美術関係の人々との交流も盛んに行うようになる。積極的に求めたわけではなく、たまたまの縁で始まったものが広がっていったものであった。最初の中国との交流のきっかけとなったのは、1981年9月、当時の中国医学科学院院長の故・沈基震、同科学院傘下の北京抗菌素研究所（現、生物技術研究所）所長、李喚委から招待されたことだった。以来、大村は数多く中国との学術交流、美術交流を行ってきた。

このときは2週間の滞在であったが、同研究所で5回、上海医薬工業研究院で1回「抗生物質の研究に関して」とのタイトルで講演をした。講演後の質疑はどこでも非常に活発で、2時間から3時間に及んだ。大村は研究員の士気の高さには驚かされた。2つの研究所で7回の討論会が設けられてこなしたが、中国はこの分野で積極的に先端の知識を導入し、新しい学問として取り

中国瀋陽薬学院日本語クラスで講義（1983年）

組もうとしている熱気を感じた。沈基震から夕食に招かれて感謝状をもらい自身が作った漢詩の書ももらい大村は非常に感激した。

その後中国側の要請を受け、大村研究室と北京抗菌素研究所との交流が始まり、さらに瀋陽薬学院（現、瀋陽薬科大学）、河北省石家荘市の華北製薬研究所などとの交流へと発展した。その当時、中国はまだ貧しい途上国であり、来日しても日中間の物価の格差があまりに大きく、滞在するにしても宿泊するところから面倒を見てやらなければならない。そこで北里研究所では宿泊施設を構内に用意し、これまで50人ほどの研究生を受け入れてきた。留学生には主としてバイオテクノロジー関係の初歩的な知識や研究技術から応用研究まで幅広く修得するようにしてきた。

このような受け入れ態勢や指導が評価され、大村は中国医学科学院をはじめ瀋陽薬学院などいくつかの大学や研究機関から名誉教授や客員教授の称号をもらっている。２００５年には中国の権威あるアカデミーの一つである中国工学アカデミーの外国人会員に選ばれる。

美術交流に広がった「2人の王」との出会い

大村の中国との交流の中でも印象深いのは王森然、王済夫という「２人の王」との交流である。王森然は１９８４年に死去しているのですでにこの世にいない人物だが、大村は王森然の絵画や書を通じてこの偉大な人物と出会うことになる。王済夫との出会いは、１９９６年6月、伊豆高原美術館での「王森然書画展」の開会式に出席するため中国代表団団長として来日したときである。中日友好王森然記念会会長で理事長の岡田正孝から紹介されて初めて握手をした。

王森然は、現代中国を代表する教育者であり思想家であり著述家であり芸術家であった。小学校教師から大学教授まで、教育一筋に歩んできた人物で、その教え子は中国のリーダーとなっていまあらゆる分野で活躍している。王森然は教育者にとどまらず、多くの著書、絵画を残している。王森然記念館蔵書書集によると、王森然の晩年の書画は「繰り返し描くことによって練磨された霊魂、熱血、心によって、世界に対する態度、生活に対する感覚を有限的である紙と墨に凝縮し、深く内包されたものを伝える」と記している。文化大革命の時代には、逆境にも動ぜずに絵画を描き続けた。生活様式は非常に素朴であり、王森然の大人然とした風貌は、逢った人を魅了せずにはいられなかったと言われている。

王森然のように人間の能力の極限まで発散できるような人物は日本ではいなくなったが、それだけに大村が王森然を知ったときには魅力あふれる人物に映った。大村がとりわけ王森然に傾倒したのは、中国伝統の芸術を凝縮した水墨画であった。それについては後で触れることにし、まず王済夫との交流を聞いてみた。

王済夫は伊豆高原美術館での開会式への出席が終わった後、埼玉県北本市の新設なった北里研究所メディカルセンター病院の見学に来た。一通りの病院見学を終え、北里研究所に留学に来ている中国人も入れて施設内の迎賓館で歓迎会が開かれた。大村と隣り合わせに座った王済夫と会話をしているとき、大村は「北里研究所は小さい法人ではあるが、創立者の北里柴三郎先生の遺志を継いで一生懸命やっている」と自己紹介しながら、大村らが取り組んでいる研究内容なども説明した。すると王済夫は「山は低くても仙人が住めば価値がある」という中国の故事を引き合いに出しながら、何事もその人間のやり方によって価値が出てくるという中国古来の逸話などを聞かせて座を盛り上げた。人をそらさない態度と当意即妙に話題に対応できる能力に大村はすっかり感心し、王済夫と意気投合した。

しかし王済夫がどのような経歴の人物か分からなかったので、在日中国人水墨画家として活動している王森然の二男の王農に訊いてみた。すると王済夫は、中国の教育部副部長、中国少数民族文化芸術基金会会長、日本の国会議員にあたる全国人民代表大会の代表委員などを歴任しており中国三大書家の一人でもあると言われ大村は仰天する。中国の教育部は日本で言えば文部科学省である。副部長とは日本なら副大臣もしくは事務次官級である。そのような中国政府の要人にして文人である王済夫の実像を知り、大村は恐縮するばかりだった。

その年の翌年、1997年5月、北京で国際放線菌学会が開催されたとき、大村研究室に留学していた中国人たちを北京のレストランに招集をかけ「中国大村室同窓会」を開き、この折に王済夫を招くことにした。留学生たちにも王済夫と出会う機会をつくってやりたいと思ったからでもあった。多忙な時間を割いて参加した王済夫は、まだ若い中国の同窓会のメンバーたちに気を配りながらスピーチしたが、その風格と態度は、またも大村を感心させるものだった。このときに中国王森然学術研究会に対し、大村と北里研究所はできるだけのことをしたいと約束して別れた。

王済夫は、大村が中国を訪れるたびに面会の時間を作ってくれた。そのような交流の中から1994年4月に北本市に開校する北里大学看護専門学校の付属棟に「王森然記念館」を開設することが決まり、3月24日のオープニングに王済夫ら16名を招待した。そのとき王森然の夫人と遺族の配慮により寄贈された中国のいわば国宝級の王森然の書画40点と、開館記念として行われた「中国伝統絵画コンクール」の入選作品展覧会を行った。

展覧会には収蔵していた荻太郎、梅津五郎、林敬二、佐野ぬい、斉藤倭文緒など日本の当代一流画家の作品も展示した。その展示を企画し展示絵画の選定をしていたとき大村は、中国の訪日団に敬意を表するため中国人作家の書画を1点入れておいた。展覧会を見た王済夫は「一つの例外を除き、記念館はもとより絵画展示は完璧である」と感想を言った。一つの例外とは、大村らが戸惑いながらも展示物の中に入れた中国の書画のことであった。大村は王済夫の審美眼の鋭さと芸術への思いの深さに感じ入り、自身の甘さを恥じ入る思いであった。

訃報は突然やってきた。１９９９年4月6日、中国少数民族文化芸術基金会会長として台湾の台北市を訪れた王済夫は、雨の中見学に行った台中市洪園記念文物館の階段で転倒し、中山医院に搬送されたが12日早朝に死去した。71歳だった。北京の「八宝山革命公墓第一告別室」で行われた告別式には、大村も急ぎ東京から北京へ飛んで参列した。中国との交流で最も大村が敬愛した人物との突然の別れであった。告別式では一般市民ら３０００人が王済夫を見送った。

第11章 北里研究所メディカルセンター病院の建設

産学連携の成功物語は1通の上申書から始まる

都心部からほぼ55キロの距離にある埼玉県北本市に北里研究所メディカルセンター（ＫＭＣ）病院がある。筆者は２０１１年5月に取材に行ったが、その規模の雄大さと自然と調和した病院作り、美術館を思わせる院内環境に感動した。何もなかった森林牧草地を国から買い取り、ゼロから立ち上げてこのような医療施設を建設した立役者は大村である。土地の購入から病院建設まで巨額の資金が必要だったが、それは大村らが発見した微生物由来の有用な化学物質を実用化した際に生まれた特許ロイヤリティ収益があったから実現できたものであった。

大村らが生み出した特許ロイヤリティ収益は、総額約２５０億円にもなるが、そのほとんどを北里研究所などに還流させて研究所の再建・整備、事業運営、病院建設にあてた。おそらくこれほどの規模の資金を学術研究の現場に還流させた産学連携活動は、日本では前例がないし世界にもほとんどないだろう。微生物由来の有用な化学物質を発見して学術的な知見を発表すると同時に特許を出願する。それと同時進行で製薬企業などさまざまな企業と連携して世の人々の福祉増進に貢献し、企業から特許ロイヤリティを得て次の研究への資金として役立てる。産学連携のモデルになるような成功物語である。それを実現させたのは、大村方式と呼ばれる産学連携の契約方法があったからである。

北里研究所メディカルセンター病院の建設は、大村が当時の研究所所長で理事だった吉岡勇雄へ提出した「北里研究所新病院建設に関する提案」と題する1通の上申書から始まる。1982年8月26日のことであった。上申書には、大略次のような骨子が書かれていた。

1. 北里研究所の事業の先細りの感は免れない。これを立て直すには新しい事業計画が必要だ。現行の病院経営立て直しの見通しがついた時点で第二病院の建設を提案する。
2. 新病院は完成時に300床から500床規模とし、化学療法研究所を付置する。北里大学医学部と一層の連携をはかる。
3. 第二病院の建設には自己資金比率を高め、経営の充実を計り研究費確保へつなげる。
4. 病院建設資金は、大村と北里研究所とで交わされた覚書の同意事項をもってあてる。

最後の4項にある建設資金の出所は、大村らが稼ぎ出している特許ロイヤリティを還流させるという意味である。

大村がこの構想を考えついたのは、自身の健康状態からであった。大村はスポーツ万能であるが意外と体が弱い。健康に自信がないので風邪をひいただけでもすぐに病院へ行く。待合室でひたすら待ち続けるうち、この待ち時間を有効に過ごせるような病院ができないかと考えた。そのころ大村らが開発した抗寄生虫作用のある化学物質エバーメクチンに関する特許ロイヤリティは、メルク社から年を追って多額が支払われるようになっていた。自分の研究室の研究費にあてるには多過ぎる。これを北里研究所で有効な使い方はできないかと考えていた。

病院建設に思い至ったのは、北里柴三郎も１８９３年（明治26年）に福沢諭吉の支援で、日本で最初の結核専門病院「土筆ヶ岡養生園」をつくり、その後、慶應義塾大学医学部創設に尽力した北里研究所の歴史を思い起こしていたからである。北里研究所と並立して北里大学があり同大には医学部がある。研究所と大学が協調すれば病院運営も研究活動もうまく嚙みあっていくに違いない。

埼玉県北本市に絶好の土地を発見

大村は新しい病院を作るための土地探しから始めた。都内の一等地は地代が高いし、都内には病院も多数あるので新設病院の立地は東京近郊がいい。不動産関係の情報を頼りに千葉、埼玉、神奈川県などへ見に行ったが適切な土地はなかなか見つからない。そこへある代議士がゴルフ場を作る土地を探しているので、ついでに一緒に行こうと誘ってきた。ヘリコプターで埼玉県内を見て回り、北本市の牧草地へ降り立った。大村は、ヘリコプターのプロペラ風を受けて激しくなびくグリーンの草地に降りていった光景を今でも鮮明に思い出すという。

農林省が使用していた国有地払い下げの土地で、もともとは牧草の研究をしていた場所である。広大な草地だけでなく、周辺には池もあるし林もある。自然環境が整っており全体で約29万平方メートルが払い下げの対象になっていた。埼玉県の平坦地の中央に位置しながらも、隣接する県立自然観察公園と同じように、湿地と丘が適度に配置されているので四季折々の自然の景観が楽しめる。この土地は八重塚古墳群の一角にあたるが、水利がよく作物を作るのに適していたから、この地に古代の人々が根を下ろしたに違いない。大村は、たちまちこの土地のとりこになった。どうしてもこの土地を入手したい。この広さと立地と自然環境を北里研究所のものにできたら素晴らしい。

大村はすぐに土地取得のために動き出した。病院建設用地ということで専門のコンサルタントもつけた。埼玉と千葉は東京と隣接しているが当時は「病院過疎地」と言われていた。地元の人たちは皆、大きな病院に行くには東京まで行くよりほかなかった。まず県が病院建設に同意を示さなければ話は進まない。当時の埼玉県知事は畑和(はたやわら)である。畑は社会党の代議士を務めていた1972年、埼玉県知事選で革新系から出馬して当選し5期、20年知事を務めた人物であるが、病院建設には地元の医師会の同意をとってきたらOKしますという意向だった。病院が必要なことは分かっていたが、医師会が反対することを知っていたので逃げたのである。

大村らは、「医療過疎地」だという実情を証明する資料を持って、地元の医師会に病院建設で賛同してほしいと頼みに行った。案の定、「病院建設？　ふざけるな！」とけんもほろろである。地元医師会は、病院ができれば患者をそちらに取られると思っているから必死である。当時の医師会との話し合いの様子について大村はあまり語ろうとしない。しかし関係者らから聞いた話では、罵詈雑言を浴びせられ、まるでやくざのような口のきき方でどやしつけられることが続いたという。大村は「何を言われても徹底的に我慢した」と言う。「話し合いが進まず、暗い夜道をとぼとぼと帰途につくときは本当に情けなく、ほとんど挫折しかかっていた」と当時の難航ぶりを回想する。しかしその夫の窮状を見かねて救ったのが夫人の文子だった。

署名運動で医師会も軟化し払い下げへ

文子は北里大学薬学部の卒業生でかつて大村研究室で卒業研究を行った林道子の母親に相談に行った。この地域で大きな信頼できる病院が必要なことは住民なら皆分かっていた。それならここで住民運動をやろうという話になった。北本に病院を建てることに反対するのは人権侵害だ、憲法違反だ、くらいの勢いで訴えれば、賛同者は増えるし医師会も無視するわけにいかないのではないか。文子と賛同する数人が署名運動を起こし始めた。北本市の周辺の桶川、上尾、鴻巣、久喜市などの知人を頼りに署名を集めるとたちまち賛同者は2万5000人以上にふくれあがった。署名者の代表が北里研究所に対し病院をつくってくれと訴える。

住民運動には医師会も意表を衝かれた。このまま反対を続けていると理不尽な医師会として矛先は自分たちに向いてくる。医師会はしぶしぶ建設に軟化し始めた。大村は、文子に感謝しながら北里研究所のために病院建設は絶対必要だという闘志を改めて燃やし始めた。大学教授の職は辞していたので退路は絶たれている。北里研究所の発展のためにも病院建設は絶対に必要だ。

地元医師会は住民運動の動きを気にして病院建設に反対はしなくなった。ただし建設を認めるにしても病院のベッド数の600床という北里研究所側の希望は認めない。せいぜい200床だという。こうして地元医師会とも妥協点を見いだして建設同意を取り付けた。すぐに県の同意も取り付け、いよいよ交渉相手は払い下げの当事者である国になった。ここでもまた大きな壁が立ちはだかっていた。北里研究所が土地払い下げで動いていることを知った他の大学も、大学や研究所建設用地として取得に動き出したのである。このような話になれば必ず出てくるのが政界筋からのバックアップである。官僚の意向も無視できない。大村はまたしても不屈の闘志を奮い立たせた。

当時、国有財産を管理し払い下げをする当事者は大蔵省である。大蔵大臣の竹下登には、あちこちから払い下げを働きかける話が持ち込まれていた。なぜなら竹下はこの土地を2つに分け、半分を北里研究所に、もう半分を別の大学にという具合に分け合ったらどうかと折衷案を出してきていたからだ。これを聞いた大村は、半分では意味がないと考えた。自然環境を保持しながら病院と付属する機関を建てるには、土地を丸ごと入手しなければだめだ。あるとき払い下げ担当の大蔵省の官僚に向かってこう言った。

「世界の免疫学の元祖である北里研究所の伝統を残さないでどうするんですか。この研究所は日本の宝です。これを守るのは国のためだと思って私はやっている。是非、この志を認めてほしい」

その気概が通じたのか、結局、土地は北里研究所だけに払い下げられることになった。決まったとき大蔵省の担当部長から「大村先生の熱意が通じましたよ。おめでとうございます」と言われた。大村は「あの言葉を聞いた瞬間、心の底から本当に安堵した。北里研究所の伝統を守ることができたと思った」と言う。ヘリコプターで北本に降り立ってから最終的に北本に病院が開設するまで、4年の歳月がかかった。大村はときたま「土地購入から地元医師会、県、大蔵省との交渉、建設業者との折衝など莫大なエネルギーを消費したと思うことがある。あのエネルギーを研究に向けていたら、もっと価値ある研究成果を出したのではないか」と思うことがあるという。

バブル経済前に土地を購入して病院建設へ

病院建設のために北本市の国有地払い下げを実現した当時、日本経済は絶好調であり、振り返ってみれば高度経済成長期の最後の場面であった。１９８５年9月22日、先進5ヶ国蔵相・中央銀行総裁会議で為替レート安定化に関する「プラザ合意」が発表され、発表から24時間で急速にドル安になり1ドル２３５円から約20円下落して２１５円となり1年後にはドルの価値はほぼ半減して１５０円台で取り引きされるようになる。急速な円高になったため、低金利政策がとられ不動産や株式への投機が進み、日本によるアメリカの不動産の買いあさりや海外旅行ブームとなりバブル景気へと移行していく。北本に病院を建設する計画は、バブル景気の直前に準備を整え、バブル景気の最盛期に病院の建設に取りかかったことになる。北里研究所の財政立て直しは、バブル景気の終焉にかけて特許ロイヤリティ収益を基盤に順調に進んでいった。

「絵のある病院」の建設を考える

大村が、新病院建設を提案したのが１９８２年8月の北里研究所監事のときであり、北本に病院が完成して開院したのが１９８９年3月である。その間大村研究室は、新しい有用な化学物質を産生する微生物を次々と発見し、その成果を国際的な学術誌に投稿していた。研究所副所長のかたわら病院建設で率先して陣頭指揮し、大村研究室も取り仕切る必要がある。目の回るような忙しい日々の中で大村は、どのような病院を建設するかを考えていた。そのとき思ったことは21世紀の病院として、ほかでは見られない病院を作ろうということだった。時代は21世紀へ向けて動き始めており、いたるところで「21世紀……」という言葉が使われるようになっていた。病院の多くは殺風景で、病人はひたすら待つことが多い。この規模の病院になると出入りする患者さんや付き添いの人の数は、市役所などを訪れる人の数よりはるかに多いだろう。東京都港区白金の北里研究所病院でも平均すると1日2200人くらいの来院者がいる。新しい病院が文化を担うことになれば、各地にある「文化ホール」に比べても遜色ないものになる。

大村の「絵のある病院」の発想の発端になったのは、オランダのライデン市で開かれた国際シンポジウムの晩さん会が美術館で開かれたときに出席した体験からである。オンコセルカ症の予防特効薬のエバーメクチンに関するシンポジウムだった。晩さん会では学者同士がビールマグやワイングラスを片手に絵を見て回りながら懇談している。美術館には音一つ立てない静かな雰囲気も必要かもしれないが、このような使い方があることも知った。大村はそのとき「絵のある病院」「文化を担う病院」でしかも美術館としても立派に通用する病院にしてしまおうと考えた。病院が完成すると間もなく21世紀を迎える。

大村は「21世紀は科学や技術も大事だが、心を大事にする時代にしなければならない」と考えていた。そのとき大村は日本ではまだ使われていない「ヒーリング・アート（Healing Art）」という言葉を思い出していた。ヒーリング・アートとは、絵画や彫刻、オブジェ、音楽などが持つ色彩やモチーフが発する表現によって爽やかな気分になって心が落ち着く効果を目的とした芸術である。絵画によって心の癒しにつながる、人間性を尊重する病院を建てようと思った。この考えを北里研究所病院の当時の院長河村栄二や新病院の初代院長となった村岡松生らに相談してみると、２人とも大賛成であった。

病院の機能については、白金にある病院の医師たちにまかせ、自分は「患者の代表」という意識を背負って建設計画の企画に参加した。病院の機能を優先させるのは当然であるが、これに美術館としての機能を持たせた「21世紀型の病院」の構想はこのようにして進んでいった。

１９８９年3月に病院をオープン

土地も建物もスタッフも誰もいないゼロから出発した病院建設は、１９８９年3月に完成し、3月29日に開院式を行った。さらに北館も追加され、６階建ての白亜の病院は屋上にヘリポートを擁し完成時には診療、薬剤、病理、中央検査、看護部門に管理・事務部門を加えた総合病院として埼玉県のこの地域の拠点病院にふさわしい陣容となった。自然環境に恵まれた広大な土地は、まだたっぷりと残っており、レストラン、保育園、テニスコート、サッカー場、野球場なども設けられて住民にも利用してもらうなどこの地域の健康・福祉の中心となる施設となった。この年は北里研究所創立75周年という節目に当たるため、記念事業という特別の意味もあった。この病院建設は第１期の事業であり、第２期として１９９３年に生物製剤研究所を移設し、第３期とし

埼玉県北本市にある北里研究所メディカルセンター。病院、看護師宿舎、看護専門学校、生物製剤研究所などが点在している

て1994年に北里大学看護専門学校の新設で北本の一連の事業は完了した。

1982年に大村が北里研究所所長に提出した上申書から始まったことが結実したものであり、大村はよくここまで来たと思うと感無量だった。病院建設の資金は、エバーメクチンなどを開発した特許ロイヤリティによるものであったが、その研究の糸口をつけメルク社との産学連携の研究を陰から支援をしてくれた恩師のティシュラーは、この病院の完成を見ることなく開院式の11日前の3月18日に死去する。行年83歳だった。

大村はその悲しみを胸に秘め開院式のテープカットを行った。北里研究所の創立者の北里柴三郎は、実学の精神を生かした医療を目指し、予防医学から臨床医学まで一貫して社会奉仕を実践した医師である。その遺志を継いで病院経営を進めることで関係者はみな燃

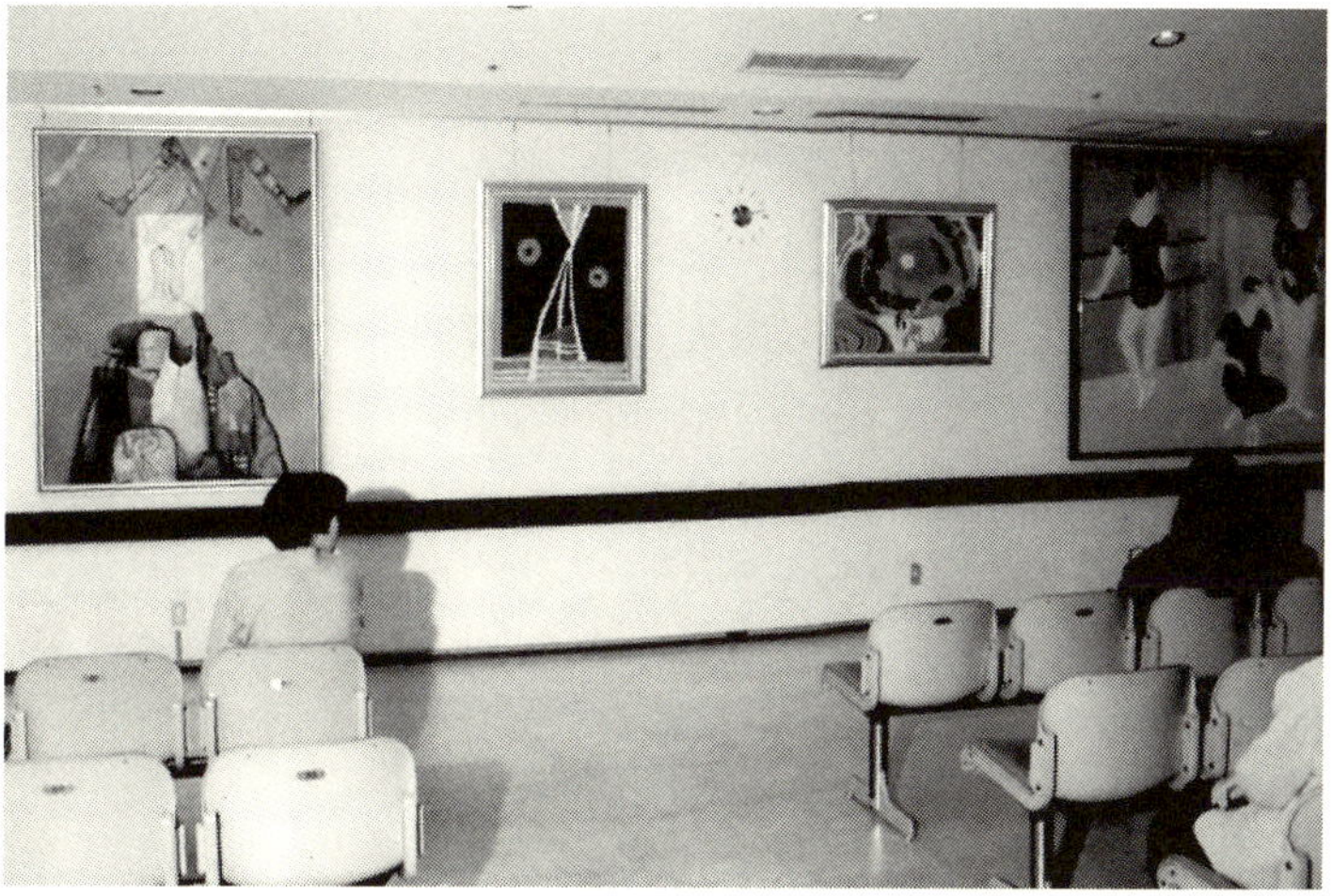

北里研究所メディカルセンター病院の待合室付近にも多くの絵画が展示されている

えていた。そして何よりも「絵のある病院」という特色があり、廊下の壁面を埋めている絵は、どれもこれも素晴らしい作品であった。筆者が見学に行ったとき、所蔵している絵の所蔵庫を見せてもらった。温度と湿度を常時管理した広い部屋には多数の絵が所蔵されており、病院ではすでに１６００点におよぶ絵を所蔵しているという。このうち２５０点から３００点くらいの絵を常時病院内に展示しており時期を決めて取り替えている。これだけ多くの絵を飾ってあるのだから、もはや美術館と呼んでもいいだろう。

美術館とコンサートホールのある病院

筆者が北里研究所メディカルセンター病院に行った印象を言えば、まさに美術館病院である。院内の壁に飾ってある絵は、大きな絵が多く、80号、１００号、１５０号の絵がずらりと並んでいる。絵には素人の筆者だが、自分の感性に合うかどうかくらいの基準では鑑賞できる。そうして見ていると飽きない。それと言うのも、飾ってある絵の点数が多いので、次々と楽しむことができるからである。これが2、3点の絵ならすぐに飽きてしまう。ゆっくりと見ていたら、ゆうに半日はかかるだろう。いい絵だなと思って作家のサインをみると、よく知られている画家の作品だったりして驚くこともあった。

病院に入ってすぐのエントランスホールは、仕切りや壁を取ってしまえば特設舞台も設置できる大きなホールに変貌する。案内した大村は「この病院には毎日2000人もの人たちが出入りする。だからここには文化があってもいいのではないかと考えた。絵のある病院という発想だけでなく、最初から音響効果も考えて音楽会ができるように設計した」と言う。これならシャンソンやクラシックのコンサートもできる。実際いままでは、土曜日の午後、外来の患者がいなくなる時間帯にエントランスホールでコンサートを開催することもある。

ホールの中央には、見るからに立派なグランドピアノが置いてある。病院らしくない光景であり大村にわけを聞いてみて驚いた。業者に注文して最高級のピアノを持ってきてもらったという。一流の音楽家を招いてコンサートをするにしても、安物のピアノは置いておきたくない。普段は、診療前の時間に最高級のピアノで自動演奏もしている。年に2回、市民コンサートを開催している。コンサートの演奏者、プログラムなどすべてをプロデュースしたのは大村の夫人、文子であった。友人や知人の人脈をフルに使ってピアノ、バイオリン、胡弓、シャンソン、童謡など幅広い分野のアーティストを連れてくるなどほとんどのコーディネートを引き受けていた。費用の面でも病院に経費負担がなるべくかからないようにスポンサーを探すなど毎回、工夫を凝らしていた。このコンサートは地元の人や入院患者らがいつも楽しみにしている。

絵の収集をどうするか

「絵のある病院」をつくることは決まったが、院内に飾る絵をどうするか。絵の購入資金が用意できたらなどと思っていたら機会は失われる。できることから始めようということから、大村らは一般の人から絵を収集するために絵画コンクールを企画した。「人間讃歌大賞展」と名付け、募集のとき「入賞、入選作品には賞金を出します。その代わりに北里研究所に絵をいただけませんか」と呼びかけた。産学連携で編み出した大村方式のウイン・ウイン関係に発想が似ている。

これが当たった。病院に寄贈するという趣旨に賛同してコンクールに参加してもらえれば、流派に関わりなくいろいろな作家の絵が集まることになる。美術振興にも役立つし、何よりもこの催しを通じて北里研究所を人々に知ってもらう機会が多くなると考えた。

１９８９年３月に開催された「第１回人間讃歌大賞展」には、全国の６４４人から１０３９点もの応募作品があった。予想をはるかに超える応募作品数に関係者はびっくりした。これを審査する審査員もまた豪華な人が名を連ねた。洋画家で文化勲章受章者、日本芸術院会員の森田茂をはじめ、洋画家で和光大名誉教授の荻太郎、画家であり仏教美術研究家としても知られる美術評論家の植村鷹千代や40年以上にわたって美術記者として活動した美術評論家の瀧悌三、北里研究所の元理事で麻布大名誉教授の斎藤保二など錚々たる審査員である。ほとんどはボランティア同然で駆けつけてくれたのである。審査員が80点余りの絵を選び、早速、病院に飾った。

大村は、新しい病院建設に取り組んでいるとき、人間が生きていくうえで、これまでまったく気が付かなかった非常に得がたい体験をして感銘を受ける。それは公のために何かいいことをしようと一生懸命やっていると、いつの間にか応援してくれる人がたくさん現れてくることであった。

「志あれば道あり」感動した大村

大村は最初、病院に飾る絵を人から寄付してもらうことなどまったく考えていなかった。それが「この絵を病院に飾ってもらえないか」と言って、素晴らしい絵がたくさん入るようになった。開院した後だが、ニューヨークを拠点に活動していた抽象画の岡田謙三の絵を150点、岡田夫人のきみが持ち込んできた。北里大学医学部教授の塩谷信幸の紹介で夫人が寄贈したいと申し入れてきたものだった。岡田は東京美術学校（現、東京藝術大学）に入学後、藤田嗣治に学ぶためにパリに渡り、その後いったん帰国するが48歳のときにニューヨークに行って拠点を作り、死去する1982年までアメリカで活動する。日本的な色彩感覚や自然観を表現した「幽玄」を導入する抽象画の作家として「戦後アメリカ画壇の寵児」とまで評する人がいる。多くの作品がニューヨーク近代美術館、グッゲンハイム美術館、フィラデルフィア美術館、ロックフェラー財団などに収蔵されている。日本よりもアメリカで知られている作家であり、彼の伝記を紹介するインターネットのウィキペディアも英文だけである。

大村は「世の中のために地域のために、病院の患者さんのために志を持って仕事をしていると、応援してくれる人たちが現れてくる。まさに志あれば道ありです」と言う。これは大村の人柄とも無関係でないかもしれないし、病院建設では陰になって何かと協力してくれた夫人の文子の支援があったことも関係したかもしれない。しかし大村は、何事にも真摯に取り組むことの重要性を学んだと思った。

市民は「美術館病院」をどのように評価したか

院内に飾る絵に関して大村は、「病院にふさわしい絵をという考えもあるが、私はこれにはあまりこだわらないことにしている。病気の方々に絵を見ていただくうえで、特別な扱いをすることを避けたいからである。また、いろいろな絵を飾っているので一般の方々にも好きな絵を探して楽しんでいただきたいと思うからでもある」と語っている。病院に絵を飾ったら、職員に絵心が根付いてきたこともある。「好きな絵のある廊下を通って職場に向かいます」とか、「こんど絵を掛け替えられたあの場所、雰囲気が変わりましたね」などと声をかけてくる職員が増えてきたという。

病院には「ご意見箱」という投書箱がある。ここに投書したものにも絵に関するものが多くなった。

「外科の外来の所にあるベルナール・カトランの絵が好きです。実はこの方の名前を知りたいと思っていたので絵を見つけたときは大変うれしく思いました」

「『からすうりのある静物』は、自分の家に飾れたらなあと思いながら毎日見ています」「『〇七八記憶の領域』の山本文彦先生の絵をここで見ることができるとは思わなかった」

洋画家で筑波大名誉教授、二紀会常任理事の山本文彦の絵を見た人の投書である。日本画家の斉藤倭文緒という院展で活躍した画家の作品もある。斉藤の絵は、絵をたくさん持っていた夫人が画伯の絵を寄付したいと思い、甲府からわざわざ病院を見に来た。病院に飾ってある様子を見て、この病院になら置いてほしいと言って大きな絵を12点寄付してきた。

病院ではこのようにしていい絵が次々と持ち込まれるので絵のためにお金をあまり使っていない。病院に飾ってある絵の半分以上がそのように持ち込まれた絵なのである。専門家も、初めは適当に絵が飾ってあるのだろうくらいの気持ちで見に来るが、帰るときには本当に驚いて帰っていく。病院のある北本市の辺りには本格的な美術館はない。お客さんが来てもあまり案内する所がない。そこで「病院に行きましょう」と誘うと客は怪訝そうに「何で？　おれどこも悪くないよ」という。そこで初めて「病院に絵を見に行きましょう」ということで大笑いとなる。入場料のない美術館に行った気分になって、病院で絵を見て帰ることを楽しむ人も出てきた。

看護師養成の専門学校も建設

メディカルセンター病院の運営が軌道に乗ったころ、広大な敷地の一角に看護師養成専門学校を設立する案が出てきた。北里研究所を創設した柴三郎は「実学の精神」を建学の理念としていた。だから病気の予防や治療はもちろん、病める人々を親身になって看護できる人間性も必要で

北里大学看護専門学校エントランスホール

あるとの考えから、看護師養成専門学校を建設することにした。１９９４年3月、病院の敷地内に現北里大学看護専門学校が竣工した。内部には「心の豊かな看護師を育てる」という目的で絵画や書画を多数展示した。ここでも教育現場にヒーリング・アートの理念を導入したのである。

筆者も見学に行ったが、学校というよりも美術館の中に教室があるような雰囲気である。飾ってある絵の中には、文化功労者や文化勲章受章者の絵など多くの有名な作家の絵がある。看護師養成学校で、このような雰囲気を持っている教育機関は全国でもここだけだろう。また、大きな部屋は王森然記念館として開設しており、王森然の遺族から寄付された名画が飾ってあった。独自の境地を開いた水墨画は、中国を代表する作家にふさわしい雰囲気を持っており、これだけでも鑑賞する価値があると思った。

第12章 ● 北里研究所とコッホ研究所

コッホを生涯の師と仰いだ北里柴三郎

北里研究所の創設者の北里柴三郎は、ドイツ・ベルリン大学の細菌学者、ローベルト・コッホの研究室に留学し、世界の医学界に名を知られるほどの業績をあげて帰国、その後も恩師・コッホを生涯の師として畏敬した。

コッホは、1843年生まれのドイツの細菌学者で、フランスのルイ・パスツールとともに「近代細菌学の祖」とされている。炭疽菌の純粋培養に成功し、結核菌を発見して結核菌を培養した上澄みから結核菌のワクチンであるツベルクリンを作った。1883年にはインドでコレラ菌を発見する。純粋培養や染色の独自の方法を研究して細菌培養法の基礎を確立した。寒天培地やシャーレはコッホ研究室で発明されたものである。1905年、結核に関する研究の業績でノーベル生理学医学賞を受賞した。

柴三郎がコッホの研究室に留学しているころは、コッホは結核菌を発見したあと感染症の病原体を証明するコッホの原則を提唱したころであり、結核の治療の研究に取り組んでいた時期

コッホ・北里神社前で（2011年5月、北本市の北里メディカルセンターで）

であった。1908年（明治41年）、恩師のコッホが夫人同伴で来日、70日間滞在する。その間、柴三郎とともに日本三景をはじめ各地を旅行した。コッホ夫人が着物に着替えて記念写真を撮影したが、その写真は東京都港区白金の北里柴三郎記念室に展示されている。柴三郎がコッホを敬愛してやまなかったエピソードは多数残されているが、コッホ夫人が言うには柴三郎は「仕草や文字まで夫にそっくりだった」という。記念室に展示してある柴三郎直筆のドイツ語の論文の文字は、日本人とは思えぬような驚嘆するような整然とした筆致で書かれている。

日本から帰国2年後の1910年にコッホは死去する。柴三郎はコッホの来日時に採取しておいた頭髪、爪を納めたコッホ祠を伝染病研究所内に設置して追悼式を行った。コッホ祠はその後北里研究所に移設した。柴三郎没後にはコッホ祠と並んで北里祠が設立されたが、北里祠は戦災で焼失したためその後ふたつを合祀してコッホ・北里神社となった。学校法人北里研究所は、毎年、コッホの命日の5月27日に柴三郎のコッホへの報恩の志を継ぎ、白金キャンパスと北本キャンパスにあるコッホ・北里神社に参拝して献花を捧げるならわしになった。

北里柴三郎は有力なノーベル賞候補だった

１９８８年3月28日付読売新聞朝刊1面に7段抜き、紙面の３分の2を占めるスクープ記事が掲載された。「北里、野口ら日本人４医学者　ノーベル賞有力候補だった」とする記事で、執筆したのは筆者であった。北里研究所と北里大学では、このニュースが掲載された日の朝から、柴三郎のことで大きな話題になっていた。大村もこの記事を読みながら、柴三郎の偉大さを改めて噛みしめていた。

筆者はその原稿執筆からほぼ3週間前、ノーベル財団と親密な関係にあったある国立大学教授からノーベル賞の選考経過に関連するノーベル財団の報告文書を見せられたもので、その資料をもとに調査・取材して記事を作成したものである。その教授はノーベル平和賞のアジア地域のエージェント（秘密調査員）をしていた。

資料を一読して筆者は驚愕した。北里柴三郎はノーベル賞が創設された１９０１年の第1回ノーベル賞の授賞候補として、最終選考に残っていた経過が生々しく記録されていた。また黄熱病の研究中に斃れた世界的な細菌学者の野口英世も、有力な授賞候補者として数回にわたって名前があがっていた。

ノーベル賞が創設された1901年の第1回ノーベル生理学医学賞は、「ジフテリアの血清療法の研究」の業績でドイツのエミール・フォン・ベーリングが受賞している。ベーリングの業績は、北里と共同で行われた研究であり、授賞の決定的理由となった論文の大半は北里がやった研究成果であった。しかしノーベル生理学医学賞の選考委員会は、血清療法を考案したのはベーリングであると決定した。

血清療法とは、抗体が含まれている血清部分を投与して治療する方法で、今では免疫療法と呼んでいる。血液を採取してガラス管に入れておくと、血液成分のうち重い成分が下に沈殿し、軽い成分が澄んだ液となって上澄みになる。沈殿した部分を血沈、上澄みを血清と呼んでいる。

当時、コッホのもとに留学していた北里は、世界で初めて破傷風菌だけを取りだす破傷風菌純粋培養法に成功し、1890年には破傷風菌の抗毒素を血清中に発見している。これは菌体を少量ずつ動物に注射しながら、血清中に抗体を生み出す画期的な手法であった。この療法をジフテリアに応用し、共同研究者のベーリングと連名で「動物におけるジフテリア免疫と破傷風免疫の成立について」という論文を発表している。

血清療法を考え出したのはベーリングとされているが、治療法として初めて確立したのはベーリングのジフテリアではなく北里の破傷風であった。当時の選考経過について、東大大学院で科学史を専門にしている岡本拓司が詳細に調べていくつかの論文を発表している。ノーベル財団の資料によると第1回ノーベル賞候補としてベーリングを推薦した科学者は5人、柴三郎を推薦した科学者は1人だった。柴三郎を授賞者として推薦したのは、ブダペスト大学の薬学教授のボケイである。ボケイは、ベーリングと柴三郎を破傷風の抗毒素を発見して現代医学の新しい時代を切り開いたとして評価し、2人を授賞者として推薦している。またボケイは、ベーリングらが独立して行ったジフテリアの抗毒素の発見は、破傷風の抗毒素の発見よりも後に行われたものであると述べている。血清療法の最初の成功例を確立したのは、間違いなく破傷風菌による柴三郎だった。

筆者の推測では、ノーベル財団は第1回ノーベル賞受賞者にベルリン大学に留学してきた日本人研究者から出すことや2人授賞という選択は考えておらず、第1回授賞は単独授賞としか考えていなかったのではないだろうか。ベーリングは生前、自分の研究が成功したのは柴三郎の驚嘆すべき先駆的研究のお蔭であり、柴三郎の協力によってのみなし得たと語っている。

柴三郎は1892年に帰国するが、6年半の留学中に実に24編の研究論文を発表している。

100年の時空を超えた大村とコッホ研究所との交流

柴三郎とコッホの師弟関係から始まった北里研究所とコッホの関係は、その後も前述のようにコッホの命日になると北里研究所の関係者がコッホ・北里神社に献花をするなど延々と続いていた。柴三郎とコッホとの学術交流からほぼ100年の時空を超えて再び新しいゆかりが生まれていった。

1991年7月に大村はローベルト・コッホ研究所の100周年記念式典に招待され特別講演を行った。大村が取り組んできた微生物由来の化学物質の研究の業績を評価して特別講演を依

ローベルト・コッホゴールドメダルを授与され、
報道関係者に囲まれた大村智（1997年）

頼してきたもので、１９９４年11月にコッホ研究所の名誉所員となった。ローベルト・コッホ研究所・北里研究所合同シンポジウムも開催されるようになる。さらに大村は１９９７年11月、ローベルト・コッホ財団からドイツの医学関係の最高の国際賞であるゴールドメダルを授与されている。また１９９２年11月にはドイツ科学アカデミーレオポルディナの外国人会員にも選出されている。日本人がコッホゴールドメダルを授与されているのは人工肝癌の生成で評価された吉田富三がおり、大村の後には情報伝達分子のインターロイキン６の遺伝子解明に寄与した岸本忠三がいる。

　ドイツのボン大学で行われたローベルト・コッホゴールドメダル授与式に出席した大村は、授与式の前に14人の記者を前に記者会見を行った。授与式にこれだけの記者が出席して会見の場もセットされていることや、ドイツの厚生大臣も出席するなどこの賞にはかなりの重みがあることが分かる。授与式の式場の式次第や会場の雰囲気から、大村はこのような名誉を授与されることに感激していた。

　ハイデンベルク大学医学部教授のハラルド・ツールハウゼンが司会と通訳をして会見が始まっ

た。まず若手研究者を対象とするローベルト・コッホ賞を受賞したフランスのパスツール研究所教授のフィリップ・サンソネティーが、授賞対象となった業績である赤痢菌の毒素の研究とワクチンの開発について話をした。続いて大村は、研究室で発見した295種の新微生物代謝産物の中から3つを話すと前置きして、スタウロスポリン、ラクタシスチン、エバーメクチンの発見とその有用性について講演した。

この3つの化学物質は、細胞プロセスでのシグナル伝達を抑制する物質であるスタウロスポリン、神経芽細胞に対して細胞の突起の伸長を誘導する物質であるラクタシスチン、そして強い抗寄生虫作用を持つエバーメクチンという一般にも関心の持てるような有用な化学物質である。大村は、できるだけ分かりやすい内容になるようにかいつまんで話した。

記者たちからは4つの質問があった。「赤痢菌に有効な抗生物質は何か」「ラクタシスチンが免疫抑制剤として使われる可能性はあるか」「スタウロスポリンの抗癌剤としての可能性はあるか」「微生物を特定して物質を探索しているのか」というものであった。「赤痢菌に有効な抗生物質は何か」との質問に対して大村は特に発言を求めて次のような話をした。赤痢菌は北里研究所の先輩である志賀潔によって1898年に発見されたものであることを紹介した。大村にはことのほか思い入れがあったからである。

志賀は1896年、帝国大学医科大学（後の東京帝国大学医学部）を卒業して伝染病研究所に入所し、北里柴三郎に師事した。入所翌年の1897年に赤痢菌を発見し、「細菌学雑誌」に「赤痢病原研究報告第一」として日本語で論文を発表した。次いで翌年の1898年に要約論文をドイツ語で発表して外国人にも読まれるようになる。これで外国人にも評価されることになり赤痢菌の属名は志賀に因んで「Shigella」と命名された。重要な病原細菌の学名に日本人研究者の名前が付いている唯一の例である。

大村は、そこまで話はしなかったが、大先輩の志賀の功績の一端を話したことが記者たちにも通じ、サンソネティーの研究対象と北里研究所所属の大村という奇遇に驚いた様子だった。

授与式典で感慨にふける大村

授与式ではボン大学学長のクラウス・ポーカルドの式辞、ローベルト・コッホ財団理事長ウオルフガング・ヒルガーの祝辞のあとドイツ厚生大臣代理の次官、サビン・ベェールマン・ポールが祝辞を述べた。これらのスピーチの中で、100年あまり前の先覚者たちであるコッホ、ルイ・パスツール、北里柴三郎という名前が相次いであげられた。大村は改めて100年前からヨーロッパで研究者として認められていた柴三郎の偉大さに触れた思いだった。

授与式はモーツァルトの管楽三重奏の演奏によって始められた。受賞者のサンソネティー、大村にメダルと証書がカメラのフラッシュの中で手渡された。その後で2人の講演が行われ、大村は「特異な構造と生物活性を有する微生物代謝産物の発見」の演題で短い講演を行った。式典の最後は、始まり同様にモーツァルトの楽曲が演奏されて終了した。大村は式典の進行にいたく感銘を受けた。日本式の式次第のような紋切型の雰囲気は微塵もなく、音楽の演奏で始まり演奏で終わるといった垢抜けた進行であった。ノーベル賞授賞式に関してノーベル財団の理事が、式典

ドイツの厚生大臣よりロベルト・コッホゴールドメダルを授与された（1997年）

には「音」が重要だと筆者に漏らしたことがある。ノーベル賞授賞式やバンケットにも楽曲がふんだんに取り込まれ、荘厳で華やかな雰囲気を盛り上げている。

式典には２００名ほどの招待者が出席しており、ベルリン工科大学教授のホルスト・クラインカオフ、チュービンゲン大学教授のハンス・ツエーナー、クラウスラオテン大学教授のティム・アンケ、バイエル社元重役のカール・H・ビューシェルなどドイツの大村の友人たちが、夫人同伴で各地から式典に参列して祝福してくれた。また就任したばかりというドイツ駐在大使の渋谷治彦も出席して大村の受賞を祝った。

このときの式典の様子と自身の講演内容について、大村はことのほか感慨が深かったらしく、次のように述懐している。記者会見で取り上げた３つの化合物に関しては、受賞講演を準備する初期の段階からきわめて自然に脳裏に浮かんだものだった。大村らが見つけた微生物の産生する化合物は、当時、３００余りにもなっていたが、その中のこの3つは大村にとって特に愛着を持っている微生物由来の化学物質であった。

スタウロスポリンは、大村が研究生活初期の秦の下で開始していた一連の研究で発見したもので、そのころなかなか新しい化学物質が発見できず研究室はひどく沈滞していた。そんな雰囲気の中で、学生の研究テーマとして開始していた一連の研究の中でやっと見つけたものだった。最初は注目されなかったが、約10年経ってから協和発酵の玉沖達也らによってタンパク質リン酸化酵素Cの阻害剤であると発表されてから時代の波に乗っていった。ラクタシスチンは、神経に障害のある患者の治療薬を目指して始めたスクリーニングによって発見したものである。大村の研究の中の一筋の大きな流れの中に位置するものである。そしてエバーメクチンについては、他の項でも触れたように動物薬からさらに人間の熱帯疾病の特効薬にまで開発されたものである。

ゴールドメダルの授賞対象業績は、大村の25年間の研究成果を評価したものであり、大村は受賞に至る多くの出来事を思い出していた。研究室創設という黎明期に苦心した研究体制の強化、間もなく始まった研究室の独立採算制での経営の苦難の歩み、そして監事として研究所の再建に取り組みながら研究を推進してきた研究生活を振り返り感無量であった。

ウェスレーヤン大学の名誉博士号を授与される

コッホと柴三郎がかたい絆で結ばれた師弟の間柄であったように、大村とウェスレーヤン大学のティシュラーもまた師弟の絆でかたく結ばれていた。ティシュラーの夫人のベティともども、ウェスレーヤン大学にいたころから大村は夫婦で家族同様の付き合いをして親交を深めていた。ティシュラーは１９８９年3月、北本のメディカルセンター病院開院式直前に亡くなり、大村は寂しい思いをしていたが、ウェスレーヤン大学から思わぬ連絡があって感激した。伝統あるウェスレーヤン大学の名誉理学博士に推挙するという連絡であった。

１９９４年5月27日、大村と夫人文子は思い出多いコネチカット州のミドルタウンへ向かった。ウェスレーヤン大学に到着するとすでに花水木の花はほとんどが散っていた。しかし青々とした芝生のキャンパスを文子と歩いているうち、21年前、当地で生活した記憶がありありとよみがえってきた。大学のオフィスに立ち寄って式典の打ち合わせをしてからティシュラー夫人・ベティの待つ家に向かった。そこに3日間滞在することになっていた。ティシュラーの部屋は往時のまま残されており、壁には北里研究所の恒例になっている「マックス・ティシュラー記念講演会」のポスターが第1回開催から順序良く整然と貼ってある。大村は部屋を覗いたときピアノが得意だったベティが鍵盤に向かっている姿を思い出していた。夫人のベティはすでに84歳になっていたが、会えばたちまち家族のような雰囲気になり大村の家族の近況から健康状態まで矢継ぎ早に質問してくる。大

ウェスレーヤン大学の名誉理学博士号授与式にてスピーチをする（1994年）

村夫妻は、自分の家に帰ってきたような安らぎを覚えて夜遅くまで歓談した。

翌日、大村は朝6時に起床し東京で毎日やっているように散歩に出かけた。隣の家につつじのような紫の花が満開になっているのを見つけて近づいてみると、これは日本で言う「しゃくなげ」（ロードデンドロン）であった。大村の田舎の山梨県韮崎地方に咲くしゃくなげは、花が2センチ幅にもならないが、アメリカのしゃくなげは8センチほどもある大輪を咲かせていた。朝食後、ベティが学位授与の式典での大村の挨拶を一度自分の前でやってみるように促した。謝辞の中で大村は、「for granting such a precious opportunity to me」という言葉を言った。するとベティは重い大きな辞書を持ち出してきて広げると、「precious」は「prestigious」と言った方がよいとアドバイスした。大村は84歳を超えたベティのインテリジェンスに感謝するとともに、元気でいてくれる有難さをしみじみと感じた。

その日、大学時代の友人たちが名誉博士号授与の前祝いの昼食パーティを催してくれ、30人ほどが集まってにぎやかに祝ってくれた。懐かしい教授たちや退官した教授たち、昔の研究者仲間と再会して感激した。授与祝いにウェスレーヤン大学の歴史の本、大学の名の入ったビールカップそして今は亡きティシュラーの80歳の誕生日を記念して撮った写真を額に入れてプレゼントされた。

夜7時からは学長招待のカクテルパーティに続く、ディナーパーティに招かれた。前学長、現学長、各学部長に名誉博士号を授与される4人を含む120人余りが招かれていた。カクテルパーティの席では、文子の訪問着模様や色彩が出席者の眼を奪い注目を集めた。レセプションでは、

米国ウェスレーヤン大学名誉理学博士号授与式の後（左より教授のレックス・プラット、同ピーター・ウォートン、マックス・ティシュラー夫人、大村夫妻）

食後のコーヒーが出てきたところでスピーチが始まり、名誉学位が授与される4人の紹介があった。大村と文子が起立しておじぎをしたが、いつまでたっても拍手が鳴りやまない。2人はアンコールに応えるような気持ちで再度起立しておじぎを繰り返した。大村は「これまでに外国で感じたことのない心からの祝福と、われわれがこの大学へ仲間入りしたことを心から歓迎していることを強く感じた。このときほどウェスレーヤン大学の人々の親切と温かみを感じたことはなかった」と語っている。

授与式の日は快晴であり緑のグラウンドで行われた。学長室で四角の帽子とローブ（礼服）を着せられ、古い校舎の鐘を合図にいったんはグラウンドに面した小さな丘に集合した。吹奏楽団の演奏がはじまると、赤のローブや帽子をまとった学部卒業生から次々と丘を下り、グラウンドの会場へと向かった。学生の行列の中には平服の者もいたしトンガリ帽子の者、ローブの前を破り捨てて背中だけにした者、赤い野球帽の者、なかには帽子を果物の皿にみたてブドウ、バナナ、オレンジなどを載せて固定したものをかぶった学生などもいる。個性豊かなファッションの入場光景はお祭り気分の雰囲気だった。

式典がはじまると、私語はぴたりとやみ会場は静まり返った。この自由から統制へ、個人から公衆への変わり身の素早さに大村は非常に感心させられた。式典は学長の簡単な挨拶から始まり、まず名誉学位の授与があった。後にウェスレーヤン大学の理事長になった元国立公衆ラジオ会長のダグラス・ベネットの法学博士、高等教育、人権問題などのスポークスマンとして高名なジョネッタ・コールの法学博士、大村の理学博士、元上院議員で現コネチカット州知事のジョエル・ウエッカー・ジュニアの法学博士がそれぞれ授与され、2、3分のスピーチを行った。コネチカット州知事だけ20分ほどのスピーチを行った。この後、マスターコース、ドクターコースの学位授与と学生が次々と呼び出され、650人の授与式が終了する。学長と学生代表の挨拶のあと、最後に吹奏楽団の演奏に合わせてウェスレーヤン大学の校歌をうたって式典は終了した。

大村にとっては、最も忘れがたい名誉ある学位授与であり式典であった。

第13章 科学と芸術の共通性から女子美術大学の理事長へ

絵への傾倒は幼少のころからあった

大村の絵のコレクションは小学生・中学生のころから始まっていた。そのころは新聞の美術に関する記事の切り抜きやカレンダーの写真や絵、母親に送られてきた絵葉書などで目にとまったものを集めていた。それが大村のコレクションの始まりであった。北里研究所に入所してからはいっそう本格化する。大村の上司であった教授の秦の研究室に出入りしていた画商が、いつしか大村の絵好きを見抜き、顔を見ると絵を置いていくようになった。気に入れば月賦で買いながら少しずつ増えていく。そのうち大村は、褒賞金や特許料の収入に加えアメリカの会社への研究指導などの報酬が入るようになるが、これで絵や美術品を積極的に買うようになる。価格の高い絵を買う場合は月賦になるので、大村家の家計はいつまでたっても余裕がなかった。

夫人の文子が「美術品ばかりを買っておいても、歳を取ってからお金がないと寂しくなる」と言っても大村は聞き流して収集を続けていた。大村は「自分の心を楽しませてくれる」という基準に合わせて絵を買っていた。大村の絵画好き、美術品への傾倒は、北里研究所や北里大学でも有名になった。大村の研究が順調に進み、国際的にも評価されるようになる。外国での学会やシンポジウムなどに招待されて、基調講演や特別講演をする機会が増えていった。外国へ出ると、必ずといっていいほどその都市の美術館を見に出かけるので、大村の趣味はすぐに外国の研究者仲間にも知られるようになる。

外国の一流の研究者は、芸術や歴史など自分の専門分野以外の「余技」にも卓抜な知識や見解を持っている人が少なくない。大村の研究仲間であるブロックも素晴らしいピアノ演奏でよく知られている。学術討論以外の懇談の場で披瀝される大村の美術の知識と感性の発露は、やがて外国の研究者仲間にも認められ、その点でも非常に実のある趣味となった。

鈴木信太郎の絵に傾倒した大村

大村は日本芸術院会員で文化功労者にもなった洋画家の鈴木信太郎の絵の収集家としても知られるようになる。これまでデッサンを含めると数百点は収集しており、北里研究所メディカルセンター病院にも多数飾ってある。信太郎の絵に親しむようになったきっかけは、画廊の社長であり友人でもあった人が持ち込んできた「アネモネ」（6号、油彩）との出会いからであった。その絵が気に入り、以来、信太郎の絵の収集家となった。「アネモネ」について大村は、「素朴なフォルム（形状）のアネモネの花弁の澄み切った色合い、変形して坐りの悪そうなマジョリカの水差しの花活け、平面的に描かれた敷物とその模様の面白さ。これらが色彩からも構成からも違和感なく画面におさまっている」と解説する。東京都世田谷区瀬田に自宅のあったころ、この絵は応接間に掛けてあり多くの来客時の集合写真の背景におさまっている。今は山梨県韮崎市にある実家の書斎に掛け、実家に帰ると日々眺めては楽しんでいるという。

収集した信太郎の絵の中には、サインさえ入っていないものもあり、未完成作品と思われるものやデッサンもある。「これらがまた実に味わいがある」と大村は言う。大村の鑑賞眼を聞いて感心したことがある。作家の眼で見たものが絵として描かれる。そのときの状況を見る人が感じ取り、作家の心象に思いを至らせ絵を通じて作家と語り合うということのようだ。「信太郎の眼に留まった風景や静物が一気にキャンバスに描かれるので、作者の思いの動きを感じ、見る者の心を惹き付ける」と大村は解説し、最近は完成品と未完の作品を並べて比較しながら眺めるのも楽しみの一つになっているという。

あるとき、武蔵野の樹木のてっぺんがカットされ、ホウキを逆さまに立てたように描かれた信太郎のデッサンを見たあと、中央道を走りながら眺めた風景の中にまさにそのような樹木が多いことに初めて気が付いたり、絵の中の赤松のフォルムを実風景で発見したこともあった。そんなとき大村は「今は亡き信太郎とあたかも会話を交わしているような感覚を抱くこともある」と言う。

こんなこともあった。大村によると、あるとき夜中に目をさましなかなか眠れないので応接間に行って調度品を片付けていた。そのときふと信太郎のリトグラフ「花」に眼が止まった。日ごろは花びらの輪郭や色付けなど、大雑把に描かれた明るい絵くらいにしか見ていなかったが、こんなにきれいな絵であったかと改めて感慨を深くし、時間の経つのを忘れて眺めていた。普段は眼鏡をかけて見ていたのだが、そのときは夜中なので眼鏡をはずして見ていた。おそらく信太郎の眼には、大村が眼鏡をはずしたときのように見えていたのではないかと思い、大村は改めて絵の深さを思った。

大村は晩年の信太郎に会ったことがある。多くの作品とウイットに富んだエッセイ集『美術の足音今は昔』（博文館新社）の書きぶりからは想像もできない精悍な顔付きをしており、会話の言葉も少なかった。もっと話をしてみたかった画家であったが信太郎は1989年、94歳で亡くなった。

請われて女子美術大学の理事になる

1992年から93年にかけてである。ゴルフを楽しんでいる仲間に元女子美術大学の事務職員だった人がいた。ある日その人が、大村に女子美術大学の理事になってほしいと要請してきた。ゴルフ仲間はプレーしながらいろいろ世間話や仕事の話をする。大村の絵画好きが分かったし、それ以上に北里研究所の立て直しで「研究を経営する」という視点で取り組んでいる姿勢も頼もしかったので、女子美術大学の経営にも力を貸してほしいという要請だった。大村は、女子美術大学は1900年に創立された歴史のある女子だけの美術大学であることは知っていたが、詳しくは知らない。そうしているうち親戚の元女子美術大学教授から、まったく同じ要請がきた。理事になって経営を面倒見てほしいという。絵画や陶芸にことのほか造詣が深いだけでなく、北里研究所の経営立て直しで手腕を発揮した大村の才能を見込んでの要請だった。偶然だったが2つ

女子美術大学関係者と、左より大村、林敬二、入江観、片岡球子、小松弘光、佐野ぬい（2000年）

の方向からの要請に大村は心が動き、93年2月に正式に理事に就任し、さらに請われて97年には理事長に就任した。

このころ女子美術大学は大学院美術研究科（博士後期課程）を設置して大学としても飛躍したときであり、2000年には創立100周年を迎えるため準備に入っていた。大村に期待したのは、100周年記念事業をする際のアイデアやリーダーシップであった。女子美術大学は芸術学部に立体アート学科、メディアアート学科、ファッション造形学科の設置の準備を始めており、大村はさらに創立100周年を記念して相模原キャンパスに「女子美アートミュージアム（JAM）」を設立する構想を推進することにしていた。このミュージアムは三岸節子、嶋田しづ、佐野ぬいなど女子美術大学にゆかりの深い作家を中心に作家や教員などの作品を常設する予定にしていた。

女子美術大学の前身になる私立女子美術学校は１９００年10月、横井玉子、藤田文蔵、谷口鐵太郎、田中晋の４人が発起人になって東京府知事に設立申請して許可された、日本で初めての、女子の専門の美術学校である。当時、女学生の入学を認めていなかった男子校の東京美術学校（現、東京藝術大学）に対抗する形で設立されたものだった。１９０１年４月１日、本郷弓町（現、文京区）の校舎で開校し、藤田文蔵が初代校長に就任した。そのころ、女性に対する高等教育機関での美術教育などまだ考えられていない時代だったが、女子美術学校の発起人たちは「芸術による女性の自立」「女性の社会的地位の向上」「専門の技術家・美術教師の養成」を目指し、女子の美術教育を行うことに情熱を燃やしていた。

女子美術大学を発展させた２人の母、玉子と志津

私立女子美術学校の歴史をひもとくと設立した横井玉子と同校二代目の校長となった佐藤志津の「２人の母」が偉大な貢献をしていることが分かる。女子美術大学歴史資料室によると、佐藤志津は、１８５１年（嘉永４年）、山口舜海（医師・二代目順天堂堂主）の娘として常陸国行方郡麻生（現、茨城県行方市麻生）に生まれた。祖父も父も高名な医者であり佐倉藩主に仕えた。１８６７年（慶応３年）、佐倉順天堂の塾生で父に才能を見込まれた高和東之助（後に進と改名）と結婚し、社会的な奉仕活動にも熱心に取り組んだ。

志津のもとに玉子から女子美術学校への資金の援助依頼があり、玉子の学校存続にかける情熱

に共鳴し救済に乗り出して校主となった。病身の玉子を順天堂病院へ入院させ看病をしたが、玉子は回復することなく死去する。玉子の死後、志津は藤田文蔵と力をあわせて女子美術学校の再建に着手する。１９０４年（明治37年）、志津が校主と校長を兼任して藤田から同校の運営を完全に引き継いだ。志津は、校務と並行して自らも教壇に立ち修身や作法を教えた。

志津の時代を経て大正年代になってからの女子美術学校は、付属高等女学校を併設し、昭和に入ってからは女子美術専門学校に昇格して杉並区和田本町（現、杉並区和田）に移転した。戦後の学制改革で女子美術大学に生まれ変わり芸術学部美術学科と服飾学科を設置し、やがて洋裁学校や短大も併設する。その後も幼稚園から付属中学、高校も併設し、学部や学科も増えて拡大の一途をたどることになる。大村が理事を引き受けたころは、女子美術大学が飛躍していく一つの節目に差し掛かっていた。

大村は1期4年の理事を務めた後、１９９７年2月から理事長に就任する。女子美術大学の経営責任者として先頭に立たなければならない。そのころになって大村は、女子美術学校の創立発起人４人のうちのただ一人の女性、横井玉子と北里研究所創設者の柴三郎がかすかではあるが、熊本藩出身の横井小楠との関わりで交錯することに気が付いた。横井玉子は、坂本竜馬など幕末の志士たちに大きな影響を与えた横井小楠の甥にあたる横井左平太の夫人である。小楠は熊本藩校の時習館に学び江戸に遊学。その後帰藩して研究会を立ち上げ「実際に役立つ学問こそ最も大事」という教えを掲げて「実学党」を結成する。私塾を開いて多くの門弟を出すがその中の一人が山田武甫である。山田は実学党に所属し、教育界、実業界、政界などで幅広く活躍し、時習館では柴三郎の恩師となる。柴三郎はその薫陶を受けて生涯、実学の精神を説くようになり「研究だけをやっていたのではだめだ。それをどうやって世の中に役立てるかを考えよ」といつも部下たちに訓示し実際に役立つ医療に取り組んでいった。

熊本藩の線で交錯する女子美術大学と北里研究所

このように熊本藩、時習館、実学党という1本の流れの上に横井小楠、左平太、玉子と柴三郎が交錯する縁があり、大村はびっくりする。小楠の甥の左平太と大平がアメリカに留学するとき、小楠がはなむけの詩を贈る。

　堯舜孔子の道を明らかにし
　西洋器械の術を尽くさん
　なんぞ富国に止まらん
　なんぞ強兵に止まらん
　大義を四海に布かんのみ

中国古代の堯、舜ともに徳をもって善政を敷き、非常に豊かな国であった。そして、孔子の教えも学びながら、西洋の技術を学ぶことをした。いま日本は富国強兵を奨励しているが、それは単に富国強兵をすることではなく、その奥には大義を世の中に広めるためのものであるということがあるのを忘れてはならない。

大村は大略そのように理解した。また大村は、この小楠の詩の後半部分もよく引用してきかせるので紹介する。

心に逆らうこと有れども人を尤むることなかれ
人を尤むれば徳を損ず
為さんと欲する所有れども、心を正（正当化）するなかれ
心を正せば事を破る
君子の道は身を修むるに在り

これは特段、解釈は要らないだろう。自身が経営の取り組みで苦労している北里研究所の将来の行く末を示唆しているものでもあり、女子美術大学とて同じである。そう解釈し機会あるごとにこの詩を披露するようになる。

大村は、女子美術大学の理事、理事長に就任してから同大学出身の女流画家を調べてみると、改めて感激することが多くなった。日本で最も歴史のある女性だけの美術学校だけあって多くの優れた女流芸術家を輩出しているからである。

歴史に名を残す多くの女流芸術家

女流画家、女流芸術家として日本の美術史上に燦然と輝く女子美術大学出身者をあげるとしたら誰になるか。大村に言わせれば「女子美術大学出身の女流芸術家はどの人も素晴らしいので甲乙つけることはできない」ということになるが、筆者は一つの選択肢として文化勲章受章者、文化功労者として叙勲された4人をあげたい。もちろん、このほかにも女子美術大学から多士済々

の女流美術家が生まれているが、紙数の関係で文化勲章、文化功労者に絞ったものである。ここではまず片岡球子（１９８９年文化勲章）、三岸節子（１９９４年文化功労者）、大久保婦久子（２０００年文化勲章）、郷倉和子（２００２年文化功労者）を順次紹介する。

節子は１９２４年、19歳のとき女子美術学校を首席で卒業しすぐに三岸好太郎と結婚する。29歳で好太郎に先立たれ３人の子どもを育てながらもエネルギーにあふれる芸術活動を続ける。１９４５年、戦争で焼け野原になった銀座にただ1軒残っていた日動画廊で、戦後最初の個展を開いている。その個展の案内状の冒頭は、「三岸女史は日本画壇のもっとも輝ける太陽である」という書き出しで始まっている。大村はこれを読むたびに感激し、三岸の美しい色とたくましい生き様がどれほど戦災で打ちひしがれていた人々を勇気づけたかと思わずにいられなくなるのである。

三岸は63歳のときにフランスに渡ってアトリエを持ち84歳のときに帰国して大磯に定住する。１９９４年、89歳のとき女流洋画家として初めて文化功労者に選ばれるが１９９９年４月18日、94歳で死去する。

片岡球子は、１９２６年に女子美術学校を卒業し、画家志望に反対する両親の勘当を受けながら画業に取り組む。帝展に何回も落選するなど芽の出ない苦難の日々が続いたが、１９３９年の院展に入選してから画壇にも認められるようになる。その後、女子美術大学の教授、愛知県立芸大の教授などを歴任した。大胆な色づかいで独自の日本画の芸域を構築し、従来の日本画の概念を揺るがすような力強い表現を確立した。１９８９年に文化勲章を受章したが、これは上村松園、小倉遊亀に次いで女流画家として3人目の文化勲章受章者となった。

球子は、富士山を描かせると独自の芸域でエネルギーあふれる日本画を描き高い評価を受けるようになる。大村は球子から富士山の絵を寄贈され、２００７年10月に開館した山梨県韮崎市の韮崎大村美術館に展示しており、今では呼び物の絵の一つとなっている。大村は「片岡先生の作品の中でもずば抜けて素晴らしい絵です」と語っているが、筆者も見たときには球子の不思議なエネルギーに打たれてしばらく絵の前から動くことができなかった。球子は１００歳のときに脳梗塞に倒れその後も絵筆を握り創作に意欲を燃やしていたが、２００８年1月16日、急性心不全のため神奈川県藤沢市内の病院で死去した。１０３歳だった。

３人目の傑出した女流芸術家は大久保婦久子である。１９３９年、女子美術専門学校師範科西洋画部を卒業後、皮革工芸の道に進み北欧の皮革工芸を導入して日本の工芸界に新風を吹き込んだ。１９８３年に日本芸術院賞・恩賜賞を受賞。１９８５年には現代工芸美術家協会副会長に就任し２０００年に文化勲章を受章した。11月3日に皇居で文化勲章親授式に出席したが、翌日に体調が悪くなり急死した。81歳だった。受章翌日の死去という悲劇が、家族だけでなく女子美術大学関係者をひどく悲しませた。

４人目は郷倉和子である。和子は日本画家で帝国美術学校（現、武蔵野美術大学）、多摩美術大学教授なども務めた郷倉千靱の長女として生まれ、１９３５年に女子美術専門学校日本画科を卒業した。その後日本画家で歴史画の大家であった東京藝大教授の安田靫彦に師事し、初期のころは梅をテーマに描きつづけた。その後、広く花鳥画を手がけて独自の日本画の境地を切り開いた。

このほかにも多数の女流芸術家が女子美術大学から生まれている。異色の芸術家をあげれば女子美術専門学校を卒業後に早稲田大学文学部美術史科で東洋美術史を専攻した嶋田しづは、第15回井上靖文化賞を受賞している。嶋田の絵は抽象画が多くパリで20年間活動を続けて帰国。神奈川県逗子市にアトリエを構え、絵画団体には一切属さずに作品を制作している。

また、造形作家、照明器具デザイナーなどでも知られる多田美波は、空間芸術家とも言われている。彫刻、光造形、レリーフなどの設計、制作、施工管理なども手がけ独特の芸術空間を創造してきた。1965年の国際美術展で優秀賞、1969年にヘンリー・ムーア大賞、1972年に日本芸術大賞、1983年に芸術選奨などを受賞している。

韮崎大村美術館の創設

女子美術大学の理事と理事長を務めた大村は、100周年記念事業を成し遂げ、多忙を極めていたこともあって2003年に理事長を辞した。ところが4年後の2007年になって、今度は創立110周年記念事業があるので再び理事長になってほしいとの要請が来た。大村は何度も固辞したが女子美術大学側の要請は強く、結局、再び理事長に返り咲くことになる。100周年記念事業での実績を評価したものであり、今回も学部・学科の再編や記念事業でまたも貢献した。

大村は40年以上にわたっておびただしい絵画、陶磁器を収集してきた。収集品の中には、有名な作家による作品が多数あり、よくこれだけ収集したと感心する。下世話な言い方になるが、そ

韮崎大村美術館

れを貨幣価値にすれば膨大な財産になっているはずだ。これまで大村は、一人の美術品愛好家として楽しんできたが、これをみんなで楽しんでもらいたいという気持ちから故郷の韮崎市の実家の隣接地に韮崎大村美術館を建設した。2007年10月、自身の持っている収集品のほとんどを展示して公開したが間もなく、展示品をすべて韮崎市に寄贈している。大村は山本周五郎の愛読者である。周五郎の作品「鼓くらべ」の中にある「全ての芸術は人の心を楽しませ清くし、高めるために役立つべきものである」の言葉に共鳴し、個人で楽しむだけではなく人類すべての共有財産として楽しんでもらいたいとして寄贈したものである。

この美術館を開設するときに大村は、女流芸術家の作品を展示の中心に据えることで、この美術館の特色を出したいという目標を掲げた。大村がそのようなコンセプトで美術館を開設したのは「女子美術大学の理事、理事長となって女流作家たちに特に思い入れを感じたからである」と語っている。1階の常設展示には、上村松園、小倉遊亀、秋野不矩、片岡球子、堀文子など多彩な女流作家の作品がかかっている。2階展示室は、大村が特に思い入れのある鈴木信太郎記念室として信太郎の作品を展示しており、油彩画だけでなく水彩画や挿絵などの資料も公開している。第3展示室は、特に親交のあった島岡達三、若いときから応援してきた原田拾六らの陶器などを展示している。女流美術家、信太郎、陶芸家の作品という3つの特色を出している全国でも例がない美術館となった。

科学者と芸術家の共通性

大村は、よく「科学者と芸術家との共通性」について感じることを語ることがある。その共通性にはいろいろな場面で気が付いてきたと言う。まず科学と芸術。一見、なんの脈絡もないように思えるが、これはどちらも創造性がなければだめだ。大村は「絵でも同じで、この絵はあの人の作品だと一目で分かるくらいにオリジナリティーがないと価値がない」と言う。たとえば、リンゴの絵にしても、これは誰が描いたリンゴの絵だと分かるくらいのリンゴを描かないと価値がない。

女子美術大学創立100周年記念のときに作成した記念版画集がある。そのとき理事長をしていた大村は表紙に「徳の華」という毛筆の字を書いた。徳の華とは女子美術大学の校歌の歌詞に「悟りの草に徳の花」という言葉があるのでそれからもらったという。講演のときには、この表紙の筆字を見せて「みなさんは気が付かれないと思うけれど、この字、何か違うでしょう。これが科学をやるときにも大事なことです」と言って次のようなことを語る。

筆の先を半分ばっさりと切り落として書いた字なのである。普通の筆で書いたのでは、このような字にはならない。他の人に書けない字を書いてみよう。自分で作った筆で書いた字が「私の字」ということになる。工夫してオリジナルを求めていく。それは科学の研究現場でも同じことであり、人と同じことをやっていてもその人以上のものは生み出せない。大村は筆で字を書くときも、その思いから筆を自己流に改良したものを使って自分の字を表現したのである。

半分筆先を切って書いた筆の字については、女子美術大学出身の日本画家、堀文子が北里研究所所長だった大村を訪ねてきたときにも語っている。そのとき堀はこの大村の書き方に共鳴して「私も人と同じことはできない。たとえどんな偉大な人のものでも、どんなに真似をしてもその人にはなれない。創造するということは、学者も絵描きも同じです」と語っている。そして大村のことを「絵を求める学者」とし、自分のことを「科学好きな絵描き」と語っている。

生命の不思議を探求する堀文子

堀文子は、女子美術専門学校出身の日本画家の中でも異彩を放つ「旅する画家」である。このように呼ばれると本人は気を悪くされるかもしれないが、堀の芸術活動を見てみると、畏敬の念を持ってこう呼ばざるを得ないのである。おそらく大村もその活動に敬服しているのは、堀の行動から生み出されてくる堀の生命力あふれる絵に傾倒しているからだろう。

堀は１９１８年７月に東京で生まれ、女子美術専門学校師範科日本画部を卒業した。女子美術専門学校在学中に第２回新美術人協会展に入選し、29歳のときに外交官の男性と結婚するが43歳のときに夫と死別している。１９６１年から世界放浪の旅に出る。帰国後は25年間にわたって多摩美術大学日本画科で指導し教授にもなる。軽井沢、イタリアなどにもアトリエを構え、1995年には、アマゾン川、マヤ遺跡、インカ遺跡へスケッチ旅行をする。そして2000年、82歳のときに標高3000メートルから5000メートルのヒマラヤやチベット高原に自生する高山植物のブルーポピーを求め、ヒマラヤ山脈の高地を走破する。その様子は「アーティストたちの挑戦 ヒマラヤ 高き峰をもとめて 日本画家 堀文子」としてNHKでも放映された。

2001年に病に倒れてからは長期間の取材旅行に出かけられなくなり、今度は微生物に着目して自ら顕微鏡を購入し顕微鏡下で見た極微の微生物などを作品にして発表している。極微の世界に題材を求め「極微の宇宙に生きるものたち」を発表している。2004年8月、北里研究所の大村を訪ねてきた。堀は研究員が操作して見せてくれる顕微鏡を覗き、微生物が躍動する極微の宇宙を見て感嘆するのである。そのとき「誰にも見せないでくださいと、お願いしたくなるほど美しいですね」「美しい！ 誰にも知られないで……。どうして自然というのは、黙ってこんなに美しいものをつくっているのでしょうね」「上品で非常に無駄がなく、ひずみがない。ダリアの花みたいです。子孫を絶やさないようにするために、さまざまな工夫がされているのですね」などと感嘆の言葉を発するのである。

堀は小さなころから生物に興味を持ち「子供の科学」が愛読書だった。いまでも科学雑誌「ニュートン」を愛読している。女子美術専門学校を卒業した後も、東京帝大農学部の研究室に就職し、稲の発芽の観察スケッチを職としていた。そのころから「生命の不思議に驚いていたいと思った」とも語っている。堀は文章家としても知られている。大村も同じであり、優れたエッセイストでもある。堀が「自分の表現を創り出すのは大変であり、3行書くにも大仕事だ。文章や絵も、ずーっと沈黙のときがあって、その後にポッと出てくることがある」と言うと、大村は「科学もまったく同じである。私はその静寂な時間を熟成するときと呼んでいる」と語っている。

C_{60}フラーレンと芸術との接点

科学と芸術の創造性の接点としては、1996年のノーベル化学賞受賞者のエピソードを知ったときに大村は、はたと思い至った。96年の化学賞の受賞者はアメリカのロバート・カール、リチャード・スモーリー、それからイギリスのハロルド・クロートであり、授賞対象は「C_{60}フラーレンの発見」であった。フラーレン（fullerene）とは、最小の構造が多数の炭素原子で構成される集合体の総称である。炭素原子60個で構成されるサッカーボール状の構造を持ったものがC_{60}フラーレンである。

研究をしていて炭素が60個からなる化合物は取れるが、その構造式がどうしても浮かばなかった。クロートが1976年に開催されたモントリオールオリンピックの会場に行ったとき、R・バックミンスター・フラーという有名な建築家の球状の鉄骨ドームを見た。その建物を球状にするために六角形と五角形を組み合わせて、サッカーボールのように丸くしてあった。それを見て「あっ、これだ」ということで炭素60個からなる物質の構造式を発表することができたという。これを報道している新聞記事を読んだとき、大村は「芸術家はすごい。芸術家の創造性は科学者の先をいっていると思って非常に嬉しくなった」と言う。

この話を聞いたとき、筆者は別のことを思い出していた。それは大村がよく言う「論文は英語で発表しなければ価値がない」ということだ。1970年ごろ、豊橋技術科学大学の大澤映二は、ベンゼンが5つ集まって皿状になった物質の構造がサッカーボールの一部と同じであることに気づいていた。この研究をしているとき、実際にサッカーボール状の構造も可能ではないかと考えていた。その考察を和文雑誌に公表していた。英語で発表していなかったため、欧米の科学者には知られることがなく、結局、オリジナルは他の研究者に取られてしまった。もしも英文で発表し欧米の研究者の眼にとまれば、共同研究の道も開けたかもしれない。少なくともオリジナル・アイデアとして引用論文になった可能性もあるし研究活動はもっと広がった可能性がある。大澤の和文論文から約15年後に実在が確認されることになるのである。

大村の科学・芸術観

大村はまた、科学と芸術との共通性には、「直観とひらめき」があるともいう。科学者が自然と対面して好奇心を覚えたとき、その原因に対して直感とひらめきによって仮説を設定し、この仮説を時間をかけて実験や計算によって実証していく。一方芸術家は、「対象物を前にしたとき、あるいは心の中に湧き上がる美意識を直観とひらめきによって表現すべく構図と色彩の配合をイメージし長い時間をかけて具現化していく」と言う。直観とひらめきといっても、偶然の刹那の思い付きではないと大村は解説する。「直観とひらめきとは自身の目標に向かい、日ごろからの知識や技術の向上、研究論文や絵画などの先人の優れた作品に出会うなどの研鑽の積み重ねの中で出てくるものである」と言うのである。

１９８1年にノーベル化学賞を受賞した福井謙一も日ごろから同じ言葉を発している。福井と筆者は、国内外を旅行する機会が何度かあり、その機会に多くの示唆に富む話を聞く機会があった。そのようなときに福井は、研究に取り組む研究者の心の動きには「直観とひらめき」が重要であることをいつも語っていた。若い高校生、大学生を相手に講義をするところに何回も同席したが、同じことを語って聞かせていた。この意味もまた、刹那に浮かび上がるアイデアではなく、日ごろから研鑽したことがあって初めて直観もひらめきもあるという示唆でもあった。

大村は「優れた科学者はまた、優れた芸術家ともなりうるものである。この逆もまた真である。このような意味からも科学者が良い芸術作品に出会うことは、自身の感性を養い優れた科学者としての資質を身に付けることに役立つものである」とも語っている。これは自身のことに照らして語っているとしか思えない。だから「絵描きさんが悩んでいる様子とか、発想して絵を描いているときの話などを伺うことは実に楽しい」とも語っているのだが、これこそ大村の発想の原点、発想のエネルギーを語っていることになり、非常に面白く聞くことがある。

２０００年10月、女子美術大学創立１００周年記念式典が行われた際、これを記念して大村からの寄付を基金に「創立１００周年記念大村文子基金」が創設された。卒業生、在校生の美術活動、制作・研究活動を奨励し、アーティストや研究者の育成を主な目的とした褒章事業である。この基金の構想が具体化したとき女子美術大学関係者は「大村基金」という名称にする方向で進めていた。これを知った大村は「できれば妻の文子の名前を使ってもらえないか」と申し出た。

大村が女子美術大学の理事に就任するとき、文子は多忙な夫の健康を心配してかなり反対した。しかし理事に就任し、大村が女子美術大学の仕事にも取り組み始めると積極的に応援して陰から支えた。100周年記念事業の募金活動でも多方面に声をかけて多くの募金を実現した。それを知っていた女子美術大学側も大村からの申し出を快諾した。このときのいきさつについて大村は「彼女の内助の功があって自分はいろいろな賞をいただいてきた。それで彼女をいつか何らかの形で顕彰してやりたいと思っていた」と語った。

第14章 人材育成で社会貢献する大村研究室の活動

エバーメクチンの発見から25周年でアフリカへ

大村は、学会の招待などで欧米をはじめ世界中を歩いていたが、アフリカへ行く機会はなかった。抗寄生虫薬エバーメクチン（イベルメクチン）を発見して25周年を迎えた２００４年９月、プロローグで紹介したようにアフリカへ行く機会が訪れた。エバーメクチンを放線菌の産生物として実際に発見したのは１９７５年だが、それからこの物質の効能と安全性を確認して製品化するために４年間ほどかかった。学会で正式に発表したのが１９７９年になっている。それから25年も経ったのである。

アフリカへ行くのは、オンコセルカ症の撲滅地域になっている現地の状況を見ることであり、北里研究所創立90周年記念事業も兼ねて欧州を視察するという目的があった。東京を発ち、スイス・ジュネーブの世界保健機関（ＷＨＯ）を訪問することから始まった。ＷＨＯ総長、感染症部門のディレクター、熱帯病特別研究訓練計画所長を表敬訪問したが、ＷＨＯの幹部はイベルメクチンの話になると「この薬剤はかつてのどの熱帯病治療薬と比較しても、ケタ外れに優れた効果を持つ薬だ」と褒めちぎった。

最初は動物用の抗寄生虫薬として開発され1981年に販売が開始されると、翌々年の1983年には世界の動物薬の売上高トップに躍り出た。それから20年以上も首位の座を守っていた。イベルメクチンは獣医師や畜産業界の人で知らない人がいないほどの薬となったが、一般の人の間ではなじみの薄い薬だった。ところが一般の人々が耳にするようになるニュースが流れた。メルク社がオンコセルカ症の予防と治療に、イベルメクチン（ヒト用錠剤商品名は「メクチザン」）を無償供与すると発表したからである。

このとき、特許料支払先である大村のところには、事前に何の相談もなかった。大村は憤慨した。一体、これはどういうことなのか。早速、メルク社の会長のバジェロスに手紙で抗議した。バジェロスはすぐに東京まで謝りに来た。人類福祉の貢献のために無償で供与するという志はいいが、これを発見して特許ロイヤリティを受けている権利者を無視し、一方的に発表した態度は許されない。しかしバジェロスが謝罪するためわざわざ日本まで飛んできたことと、無償提供は人類福祉のためにはいいことなので、大村は矛を納めて無償供与に協力することにした。

アフリカに蔓延していたオンコセルカ症

メクチザンの投与が始まる前、オンコセルカ症は世界で年間数千万人が感染していた。失明者を含めて重篤な眼病にかかっている患者は、数百万人と推定されていた。失明の原因となっている線虫症の予防には、メクチザンを体重1キログラム当たり150マイクログラム、年に1回飲むことで達成される。いろいろな感染症にそれぞれ適用される抗生物質は数多くあるが、年1回の服用でいいという薬剤は、おそらくメクチザンだけだろう。

また抗生物質は、使い続けると耐性問題が出てくるが、メクチザンは1987年から使用され続けているが耐性線虫は報告されていない。現在も年間2億人内外の人々が服用しているのに耐性線虫が出ないというのは驚きである。そのうえ副作用は線虫の幼虫が死滅することに伴う皮膚のかゆみ程度である。

北里生命科学研究所の玄関の脇に展示されている盲目の人を杖で導く子のブロンズ像。同じものがWHO本部の前にも展示されている

WHOは、このような優れたメクチザンの特性を考え、これまでの熱帯病では例をみない地域集団投与という方法を展開することにした。これを可能にしたのは副作用がほとんどなく安全な薬であるため住民に投与する方法が簡単であり、特に医師や看護師などの手助けを必要としなくて済むからである。400人から600人ほどの集落ごとに配布責任者を決め、集団で年一度、メクチザンを服用するだけである。

WHOは、メクチザンが開発される前の1974年から、セネガル、コートジボアール、ガーナなどの西アフリカ諸国を対象としたＯＣＰ（オンコセルカ制圧プログラム）を打ち出し、オンコセルカ制圧に乗り出していた。最初は媒介するブユを殺虫剤で駆除する運動を大掛かりに展開した。ブユの生息する河川流域にヘリコプターで殺虫剤を散布するという大掛かりなものだった。しかしこの方法はそれほど効果がなかった。薬剤を大量にまくので自然の生態系を著しく損なうことも問題となり中止することになった。

ＷＨＯの発表によると、ＯＣＰによりメクチザンの無償集団投与によってアフリカ諸国で約４０００万人がオンコセルカ症の感染から免れ、60万人が失明から救われたとしている。この期間にプログラム対象地域で生まれた１８００万人の子どもたちは、生涯、オンコセルカ症に感染することはなくなった。失明を免れた人々によって２５００万ヘクタールにおよぶ土地の農耕が可能になり、１７００万人分の食料増産が可能になったという。

ＷＨＯは、このＯＣＰの成功のあと、１９９５年からはＡＰＯＣ（アフリカオンコセルカ制圧プログラム）を立ち上げ、ブルキナファソの首都ワガドゥグに本部を置いた。これはＯＣケラー財団、ＵＮＩＣＥＦ、アメリカのメルク社の支援のもとに組織されたものだった。現在、13万の集落にメクチザンを配布している。これによって、新たに17カ国１億９０００万人がオンコセルカ症の感染から救われ、年間４万３０００人の人々の失明を防ぐことができるとみている。ＡＰＯＣの推進によって２０２０年にはアフリカ全土でオンコセルカ症は制圧できるという見通しで事業を展開している。

このキャンペーンがうまくいっているのは、メクチザンを配布する集落に配布責任者が決められ、その人たちと各地域の保健所、病院のヘルスケアを担当する職員とが連携して流行地での集団服用がなされているからである。メクチザンは成虫には効果がないが、メスの成虫から生まれたばかりのミクロフィラリアには殺虫効果を示す。失明した人でもメクチザンを服用することで体内のミクロフィラリアが消滅し、ブユによる他の人への感染がなくなる。年1回、地域の人全員がメクチザンを服用し続けることでオンコセルカ症をうつすこともうつされることもなくなり、子どもが成長して大人になっても失明することはあり得ないことになる。

オンコセルカ症蔓延の地域で見た悲惨な患者

大村がアフリカのオンコセルカ症蔓延地域を視察した場所は、ガーナ第2の都市クマシイから北方100キロの集落であった。英語の通訳を通して多くの患者の話を聞き、病状を見ることができた。原始時代に近い生活環境は貧しいというよりも、簡素と質素の極限にあるような状況に見えた。WHOのスタッフの話では、この地にはオンコセルカ症だけでなく土壌伝播線虫症などの寄生虫疾患がまだかなりの頻度で発症しているが、いずれもメクチザンの投与によって撲滅への戦略が進んでいる。

最初はよく気がつかなかったが、子どもたちが村の盲目になった人たちを引いている。人口500人ほどの村落だが、学校の子どもの10パーセントは家族に盲目になった人がおり、失明寸前の人もかなりの数になる。集落の働き手の多くを失い、ブユを逃れて河川流域の村落を捨てていった人々も多いが、メクチザンの集団投与によって患者は減少し、廃村になった集落の復活が始

小学校の子どもたちに日本から来たことを話しかけている大村（2004年9月、ガーナ共和国アズベンデで）

まっているという。

皮膚が盛り上がってこぶのような腫瘤ができている子どもがいる。こぶの中には虫が3、4匹いる。このような虫がいったん棲みつくと、体内で15、16年間は生きていく。その人の体内で何百万という、小さなミクロフィラリアが生み出されていく。そのミクロフィラリアを吸ったブユがほかの人にうつして伝播していく。

大村は、集落の中央付近の大木の下に集まっていた6人の盲目になった人たちに会った。眼はうつろであり、まったく見えない。朝、子どもにここに連れてきてもらうと、一日中そこにいるということだった。視力が弱くて仕事ができなくなり杖に引かれてきた男性は、子どもから「メクチザンの発見者がいるよ」と言われ、大村に握手を求めてきた。英語ができる小学校の教師を通訳にして、大村は多くの患者たちを見て話をすることができた。

太い足を引きずるようにして歩いてくる女性がいる。大村の眼が釘付けとなった。最初は何を履いているんだろうと思ったが、履いているのではなく片方の足が極端に太くなっている。履き物など履けない状態だ。これはリンパ系フィラリア症という疾患でありフィラリア線虫がリンパ液に運ばれ、滞留して太くなっていく。オンコセルカ症同様に、虫を持っている患者の血液を吸った蚊やブユが他の人を刺すことによってうつしていく感染症である。日本でも婦人の足が太くなり一見してリンパ系フィラリア症の患者と思われる人の絵が残っている。多分、平安時代か鎌倉時代と推測されている。

リンパ系フィラリア症は、オンコセルカ症より症例が多く世界で1億2000万人が感染しているといわれている。この病気にはメクチザンと古くから使われているアルベンダゾールという合成薬との併用が効果があり、すでに集団投与が開始されていた。この病気も2020年には撲滅が達成されると見込まれている。この事業で投与されているアルベンダゾールは、グラクソ・スミスクライン社が無償提供している。大村はこの旅で、大手の製薬会社が競って大きな国際的社会貢献を行うようになっている

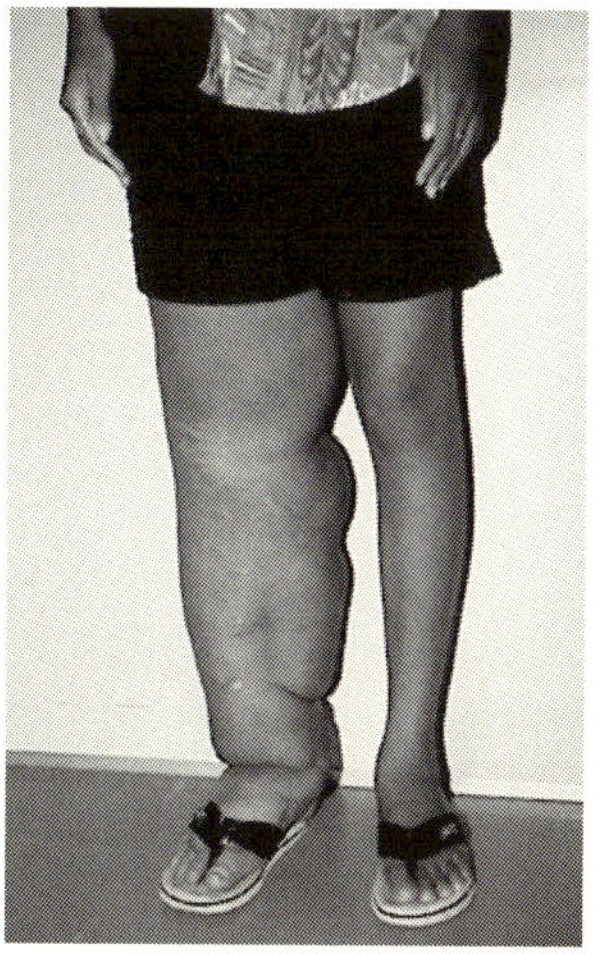

リンパ系フィラリア症になった足。向かって左。虫によってリンパ液が還流しなくなり浮腫を起こして太くなってしまう

のを目の当たりにした。

ＷＨＯの敷地の中に、オンコセルカ症の撲滅運動の成功を記念して、「オンコセルカ症で眼の見えなくなった大人を子どもが杖で誘導している像」が建っている。そこにはメクチザンのことが記されていた。ガーナの隣国であるブルキナファソのワガドゥグという首都にも、同じものが建てられていた。大村は帰国後、北里生命科学研究所の前にも同じ像を建立してオンコセルカ症の撲滅を訴えイベルメクチンを記念するモニュメントとした。

４４８の化学物質を発見した大村研究室

大村研究室の研究活動は微生物の培養、産生している化学物質の単離、構造決定、化学修飾、生合成、作用機序などについて研究するものであり専門分野は、微生物学、生化学、有機化学、分子生物学などにまたがり、活動領域はきわめて多角的である。２０１１年3月末までに大村研究室で見つけた微生物で、新しい属を決めたものが９つ、種を決めたものが31ある。新しく発見された化学物質は４４８を数え、そのうち25種が医薬、動物薬、農薬、研究用などに使われている。そして95種の化合物が有機合成化学者の合成のターゲットになった。

新しい微生物を見つけたときには、発見者が名前を付ける特権が与えられる。その名前を考えるときは研究成果を確認したことになるので研究者も満足な気分になる。大村が住んでいた場所の世田谷区瀬田から採取した土から分離した微生物は北里研究所と瀬田から取って「キタサトスポーラ・セタエ」と命名した。山梨県の昇仙峡の土壌から分離した微生物は「アルボフォーマ・

ヤマナシエンシス」と命名している。またキタサトスポーラ・セタエの作る物質をセタマイシンと名付けた。このキタサトスポーラは、大村研究室の高橋洋子が新しい属だと発表してから、この属に属するさまざまな放線菌が見つかっている。また多様な化合物を作っていることも分かってきた。細胞の中にはリソゾームがあって、その中でタンパク質などを分解している。そのタンパク質を分解するのを調整するためには、pH（水素イオン指数）を調整する必要がある。このpH調整作用を有するタンパク質をセタマイシンが選択的に阻害することが分かってきた。これが重要な試薬として使われるようになってきており、大村の住居のある場所の名前を付けることができたので思い出の物質となった。

このように新しい微生物や化学物質を見つけると、名前を付ける作業は楽しくなる。大村の古希の祝いのときにお祝いにイギリスからきたホップウッドが挨拶の中で、大村研究室で発見した名前の頭文字を調べてみたところ「あといくつかを見つけるとAからZまで全部、揃うのではないか」とスピーチした。大村らはそれまでまったく意識していなかったのでその後は意識して名前を付けることにした。最後に命名したのは「ウイッケロール（Wickerol）」という化学物質で、これでAからZまでで始まるすべての化学物質が出そろった。

夫人に助けられた大村の研究人生

大村の研究活動が大きな実績をあげ、国際的に評価されたのは、大村が語るように夫人の文子が「絶えず家のことを考えてくれたので、自分はまったく何の心配もなく研究に専念し、与えられた役目を果たしてこられた」からであった。大村は「これもすべて彼女のお蔭であり心より感謝している」と公言しており、文子に対する感謝の念は人一倍強いことを言葉の中ににじませている。

大村の語る文子の思い出と哀惜の情は、聞くものの胸を打つ。研究者になりたての山梨大学助手のころ、給料のほとんどを文献の購入費や実験の費用に使ってしまうため、生活費のほとんどは文子の実家からの支援でまかなわれていた。文子は自宅に大勢の子どもたちを集めて公文式の学習塾を開いたり、得意のソロバンを教えたりしていた。彼女はソロバンの名手であり高校時代には全国ソロバン大会で優勝を争うほどの腕前だった。

大村が実験に追われて夜中まで研究室にいると、夕食を差し入れに来てくれたり実験データの計算などをよく手伝ってくれた。大村はそれを「今でもよく思い出す」と言う。性格は天真爛漫そのものでありいつでも明るく気さくに付き合う人だったが、心の奥に父親譲りのきちっとした強い意志を感じさせた。大村は、研究には健康を害するほど打ち込むことがあるが、そんなとき文子は大村を温泉に連れ出したり、ときには半ば強制的に病院に連れていかれたこともあった。

自宅では内外の学者仲間を招待してのホームパーティをよく開いた。買い出しから料理まで2日がかりで準備をし、その応対には万全の気を配った。のちのちまで、文子の献身ぶりは海外の友人たちの間でも話題になっていた。恒例の新年会も、午前中から夜遅くまで入れ替わり立ち替わりの大賑わいになるのも文子の人柄によるものであった。山梨県韮崎市の大村の実家で開くセミナーのときも、開催日の1日か2日前に帰りセミナーの準備から打ち上げの宴会まですべて整

大村夫妻（1998年）

えて待っていた。

文子に異変が起きたのは１９７６年３月の乳癌の手術に始まる。それから人生の３分の１近くを次々と転移していく癌と闘った。自身が闘病する一方で、知人たちに頼まれて患者を病院に紹介することも積極的にしていた。病院に入院しているときでも患者を紹介し、ときには点滴のスタンドを転がして紹介した患者を出迎えに行くことさえあった。北里研究所病院への患者の紹介数では「彼女を抜きんでる人はいないでしょう」と大村が語っているほどだ。

大村は、招待された海外旅行にはなるべく文子と同伴で行くようにした。文子は能や歌舞伎の鑑賞を趣味にしていたが、その知識は驚くほど深く大村を感心させることもしばしばだった。２０００年４月、ワシントンＤＣで行われた米国科学アカデミーの外国人会員の認証式に招かれて出かけたのが最後の海外旅行となった。病状からして渡米は無理と思っていたが、文子はどうしても一緒に出かけると言う。すでに主治医に話し、酸素ボンベ２本を飛行機に持ち込む許可も取ってあった。各種鎮痛剤を山のように用意していくと言い、大村が取り止めるように言っても聞き入れない。道中が不安なので長女と秘書に同行を頼み、車椅子を用意して出かけた。認証式の会場には着物で正装し、大村の押す車椅子で移動した。病状を知るアメリカの研究者仲間たちは彼女の勇気に驚き、逢いに来た彼女の気持ちを喜んでくれた。

帰国後にすぐ、女子美術大学関係者の主催する「大村夫妻を囲む会」が開かれた。このときも長女に病院まで着物を届けさせ、正装して看護師に付き添われて車椅子専用の車で会場に現れた。病気はいっそう悪化していたので、出席するのはとても無理と大村は思っていたが、文子は出席すると言ってきかなかった。会が始まり大村の挨拶のあとに司会者が文子を指名した。大村はあわてて無理だよと手振りで合図を送った。すると横から文子が「私、やります」と言って車椅子に座ったまままきちんと挨拶をした。このときのことを思い出した大村は「私自身驚きを禁じ得なかった。そして感動を覚えた」と語っている。文子の闘病生活は、最後まで壮絶なものであり、治療に耐える姿に病院の医師たちは「こんな患者はみたことがない」と驚嘆していた。

それから4カ月後の２０００年9月1日、文子は60歳の若さで死去した。訃報は世界中にいる大村の研究者仲間の間を駆け巡り多くの人たちを悲しませた。通夜、告別式に参列した人は３０００人を超え、内外から寄せられた弔電は約７００通、献花は３００本を数えた。戦後間もなく、女流の美術家を育成する目的で三岸節子らが創設した女流画家協会は、文子の死を悼んで「大村文子記念賞」を設け、広く一般社会人の美術活動の奨励を行うことができるようになった。大村は2005年に自身で出版したエッセイ集『夕暮れ』の中で、文子を送る言葉として「病気がちでありながら絶えず前向きに生き、人生を楽しみ、人の為に尽くした文子の短くはあったがその生涯を讃える」と記した。

蛍雪寮での研鑽と人材育成の取り組み

大村の実家のある山梨県韮崎市には、生まれ育った大きな家が今も残っている。筆者も訪問したことがあるが、いかにも田舎の旧家のたたずまいであり、広い部屋がいくつもあった。大村は古い家を改造して研究室の学生やスタッフを集め、セミナーを行うようにしていた。ある日の夕方、学生たちと家の周辺を散歩していると、1匹の蛍が飛んでいるのを見つけた。しばらく蛍を見かけなかった大村は感激して、セミナーに使っている実家の家を「蛍雪寮」と名付けた。大村の子ども時代には多くの蛍がいて蛍狩りを楽しんだ覚えがあったが、そのうち蛍をまったく見かけなくなっていた。自然が戻ってきていたことを実感した。

大村は、蛍雪寮を松下村塾と重ね合わせて考えていた。というのも山口県萩市に行ったとき松下村塾をこの目で見て非常に感激した。あのちっぽけな松下村塾からわずか2年そこそこで伊藤博文、桂小五郎、高杉晋作らを育てたその秘訣はなんだったのか。吉田松陰の教育者としての偉大さにすっかり傾倒していた。大村は「正師を得ざれば、学ばざるに如かず」という道元の言葉をいつも自身の戒めにしている。教師が教えたことが学んだことにならないというのでは教育者

蛍雪セミナーの聴講を希望した母親（左から２人目）の前で講義をする大村智（1980年）

としては失格である。絶えず自分自身を磨かなければならないという教訓は、子どものころ盗み見た母親のノートの冒頭の言葉にあった。その母親が、蛍雪寮のレクチャーに参加して、大村の講義を学生たちと一緒に聴くこともあった。

大村はまた、分からないことがあればたとえ学生であっても訊くことにしている。少年時代、祖母が口うるさく言っていた「聞くは一時の恥、知らぬは一生の恥」を座右の銘にしているからであった。また大村は、「無知でいることの価値」と「知りすぎることによる弊害」を学生たちに語って聞かせることがある。それは１９８３年のことであった。大村の研究室に突然、メッセンジャーＲＮＡの発見者で遺伝子暗号の解読に貢献した科学者でノーベル賞受賞候補として知られていたイギリスの生物学者、シドニー・ブレナーが渡

渡辺格（写真左）に伴われて大村研究室を訪れたシドニー・ブレナー（真ん中）（1983年）

辺格に連れられて訪ねてきた。渡辺は日本の分子生物学の草創期の研究者として知られていた。ブレナーはそのとき、しきりに線虫のことを質問してきた。大村が、線虫に効く抗寄生虫化学物質を発見した論文をいくつも発表しており、エバーメクチンの発見者であることも知っていた。

大村は、分子生物学の遺伝子の仕組みの研究の第一人者であるブレナーが、なぜ線虫に興味を持っているのか不思議に思った。その後、ブレナーとは手紙のやりとりで学術交流していた。そのブレナーが２００２年、「器官発生とプログラム細胞死の遺伝制御に関する発見」でノーベル生理学医学賞を受賞する。ブレナーは、多細胞生物の遺伝情報と発生、分化の過程を調べるため、細胞数が少なくて遺伝解析、生化学分析が容易にできる線虫を使い、線虫の発生、分化過程を細胞レベルで解明した。その研究のため、線虫の知識を増やす必要が生じて大村に会いに来たのである。ブレナーは著書の中で人間が発想する過程を分析し、要旨次のように記述している。

「科学を前進させるために最も適した人物は、部外からやってきた人である。文化についても同じことが言える。移住者は新しい発見をするために最も適した人だ」

つまり科学の世界では、専門分野の中に閉じこもっている人が新しい知見を発見するのではなく、専門分野以外から来た研究者が新しい発見をすることが多いという教えである。学生たちにこのエピソードを話しながら大村は、知らないことの多い方が、ときとして新しい発見をしてその分野の発展に貢献することがあると語って聞かせる。

また大村は学生たちを指導する姿勢として、陣頭指揮する人間は自分からまずやって見せ、それを早く覚え込ませて次の新しい目標に向かってやっていくことが大事だと考えている。「私は嫌なことは何でも一番先に自分がやって見せる」と大村は語っているが、その心構えこそ指導者として一番大事なことだと肝に銘じているのである。研究室のセミナーには多くの外国人研究者らも招いた。大村は日ごろから人材を育てたいという思いが人一倍強く、英語を不得手にする学生たちにも自身の体験談を語って英語習得を強く勧めていた。国際学会でもできるだけ学生に発表する機会を与えていたが、そのために英語の講演のときのコツを伝授していた。それは非常に役立つアドバイスになるのでここでも紹介したい。

大村が言うには、「講演では最悪の事態を考えておかなければならない」ということで、これに対する危機管理は怠らないよう努めることが大事だという。講演する会場を見渡してまず、専門家が多いか少ないかなど聴衆の構成を知ることが大事だという。講演しているときは、ときどき話の内容からはずれたジョークを飛ばし、果たして自分の英語が通じているのかどうかを確かめてみることも一つの方法だ。英語の上達は「暗記力でなく慣れである。楽しみながら学ぶことが大事だ」と言う。

大村はシンポジウムやセミナーで招待した外国人の研究者を自宅に招待してホームパーティをよくする。これを始めたころ、学生たちはどのように英語で話したらいいか緊張して料理が全然減らないことが多かった。ところが回を重ねるうちに、いつのころからか、あっという間に料理がなくなってしまうようになった。それだけ外国人にも英語にも慣れてきたからである。実学を重んじる柴三郎の伝統がこんなところにも生きている。

大村研究室には、博士学位を取得したメンバーの集まりである「ソフィア会」が１９８２年から結成された。ソフィア会は２０１１年3月末で１０６人となり、そのうち教授になった人が27人、准教授が４人、講師が２人となっている。１つの研究室から27人の教授が生まれるところは、日本では他にないのではないだろうか。

現役最後の大仕事を成し遂げる

大村は、１９９０年６月から17年間にわたって北里研究所の所長を務めるが、北里研究所の再建がなったころから社団法人北里研究所と学校法人北里学園は統合するべきだと考えるようになる。初代の北里学園理事長の秦藤樹が言っていたように、北里学園北里大学の創立は北里研究所の資産の96パーセントを出して行われたものである。北里研究所は北里研究所病院やワクチン製

研究室に足を運び現場の研究者らと議論をすることも多い（2011年、北里研究所で）

造部門などの事業を続けてきた。大村は学園の設立経緯からしても両者は統合すべきとの考えから主だった関係者に説いて回り実現に向けて精力的に作業を進めた。

こうして両法人の理事会、研究所は社員総会、学園評議委員会の承諾を得て社団法人と学校法人の統合という世に類を見ない統合が実現した。2008年4月1日、社団法人北里研究所と学校法人北里学園が統合し学校法人北里研究所として生まれ変わった。これを機に大村は北里研究所所長を辞し名誉理事長となった。

山梨科学アカデミーの活動

大村は、生まれ故郷の山梨でも人材育成、科学技術振興に役立ってほしいとの願いを込めて山梨科学アカデミーを設立させている。大村が会長をしていた山梨県科学技術会議での提言をもとに県は山梨県科学技術政策大綱を策定した。

この中に科学アカデミーの設立の重要性が盛り込まれた。アカデミーは1995年5月に発足し、翌年4月に山梨県知事から社団法人の認可を受けた。山梨科学アカデミーのロゴマークは、女子美術大学教授の松崎笙子に依頼してつくってもらった。

大村が運営資金として再三にわたり寄付をして運営も軌道に乗った。事業は各種集会の開催、会報の発行などによる情報の提供、山梨科学アカデミー賞、奨励賞、児童・生徒科学賞の表彰、最新科学技術講座などの開催や科学イベントなどへの賛助などを行っている。山梨でも有為な人材が育ってほしいという大村の願いを込めたものであり、子どもたちにも科学を勉強し、科学を志向してもらおうと始めたものだ。賞を出すだけでなく、会員が各学校に出向いて自分の専門の話をする未来の科学者訪問セミナーと名付けた活動もしている。

会員のほとんどは大学教授や研究所の所長というような人で、120人ほどいる。そのような研究者たちが、専門分野について分かりやすく子どもたちに話をするという会である。「このような活動は、全国で山梨県だけだと思う」と大村は語っている。

大村はよく色紙を書いてプレゼントをする。色紙に書く言葉に「至誠天に通ず」という言葉がある。意味することを学生たちにも語って聞かせることが多い。大村は「ある地位についたら、あらゆる努力をする。そうすれば目指したものは大体実現できる。ごまかしていい加減にやっているとだめだが、一生懸命にやっていれば必ず支援者も現れる」と言って聞かせる。それは大村の歩いてきた体験から生まれた信条である。振り返ってみれば、大村は何事にも最善を尽くして取り組み努力を惜しまなかったが、同時に多くの支援者に恵まれたと感謝することが多い。努力をすれば報われる。「至誠天に通ず」とは、そのことを指しているのである。

臨済宗の高僧で『般若心経入門』（祥伝社）などベストセラーを出し「南無の会」会長としても知られている松原泰道からは、著書『人生を豊かに生きる12章』（祥伝社）をもらった。本の扉に「大村智先生　よき人生は日々の丹精にある　百一歳　泰道」とサインをしてくれた。泰道が肺炎で急逝する直前であった。その本もまた素晴らしい内容で大村は感動した。そして101歳の泰道から「よい人生は、楽をしていただけでは得られない。日々努力をせよという言葉をいただき嬉しかった」と語った。泰道の言葉をもってして我が信条に間違いはなかったと思ったからである。

あとがき

　大村智先生の業績を広く世の中に知ってもらうために、先生の実録伝記を書いてほしいと筆者に言った人は、元特許庁長官で知財評論家でもある荒井寿光さんである。大村先生は、産学連携活動では抜きんでた実績を誇っており、学術研究の成果で稼いだ特許ロイヤリティ収益250億円以上を北里研究所に還流させてきた。荒井さんは筆者が勤務している東京理科大学知財専門職大学院（ＭＩＰ）の客員教授であり「知財戦略論」の授業の中で、2006年から毎年「大村智先生は、産学連携の活動でナンバーワンの実績があります」と言って、大村先生の写真とともに受講生にその業績の一端を語って聞かせていた。

　大村先生は、ノーベル賞受賞の有力候補者にあがっているので、ノーベル賞を研究している筆者もお名前と業績の一端を知ってはいたが、お目にかかったことはなかった。それが2011年の4月から東京理科大学と女子美術大学が連携することになり、大村先生と東京理科大学の塚本桓世理事長、藤嶋昭学長との鼎談があり、その司会をした際に初めてお目にかかった。そのとき大村先生の識見とお人柄に触れ、にわかに先生の実録伝記を書こうと決心した。

　大村先生の経歴、学術活動、趣味ともろもろの社会活動を知るにしたがって先生の生き方に非常に魅力を感じまた感動した。その感動は単に学術研究で優れた成果を蓄積してきた業績に対してだけでなく、「研究を経営する」という視点で取り組んだ北里研究所の再建と病院建設、趣味の域をはるかに超えた美術への造詣の深さに驚いたからである。

大村先生は、有名大学を出たエリートとして順調に学術研究を積み上げていった研究者ではない。山梨大学を卒業後、都立の夜間高校の教師をしているときに学び直しを決意し、学業のかたわら東京理科大学大学院に入り直し改めて一から学問に取り組んでいった方である。したがって先生の能力を開花させるには、その類まれな能力以上に努力が必要だった。自身の全能力を絞り出すような努力があったからこそ、大村先生は多くの優れた知己に囲まれ支援を受け、世界中の学術研究者との交流によって着実に成果が結実していったのである。国際的な数々の栄誉と叙勲が先生の評価を余すところなく語っている。

大村先生は、請われて女子美術大学の理事長を長く務めている。女子美術大学の教職員と学生たちが、先生の力を借りたいと思うほど美術への見識と経営手腕を持っているからにほかならない。大村先生は、美術と科学という一見相容れない2つの領域が交錯する世界へわけ入り、これまで見たこともない世界へ私たちをいざなってくれた科学者である。筆者は大村先生の光彩を放った生き方が長く語り継がれることを確信し、自信をもってこの本を世に出すものである。高校生や大学生らこれから研究者を目指す若い世代に広く読まれることを期待して筆を進めた。

本書を書くにあたって、大村先生に対して長時間にわたってインタビューを行ったが、重層多岐で専門分野に及ぶ内容は難解なことが多かった。その理解度を補う資料として大村先生のお書きになった4冊のエッセイ集『ロードデンドロンの咲く街』『私の芝白金三光町』『夕暮れ』『植林』および講演抄録集としてまとめた『私の北里で歩んできた道　40年間の研究、教育、そして経営を振り返る』と『私の科学と美術』を参考にし、また適宜引用させていただいた。これらの参考資料で示された大村先生のエッセイストとしての才能も素晴らしいものであった。

　最後に我が人生の晩節期に、大村先生のような優れた人との出会いを示唆した荒井寿光さんと大村先生との邂逅の恵みを運んでくれた天に対し感謝の意を表したい。

２０１２年1月

馬場錬成

大村智略歴

昭和26年	4月	山梨県立韮崎高等学校入学
29年	3月	同上　卒業
33年	3月	山梨大学学芸学部自然科学科卒業
38年	3月	東京理科大学大学院理学研究科修士課程修了
	4月	山梨大学文部教官助手（～40年3月）
40年	4月	㈳北里研究所技術補
43年	9月	薬学博士（東京大学）
44年	10月	北里大学薬学部助教授（～50年3月）
45年	10月	理学博士（東京理科大学）
46年	9月	米国ウェスレーヤン大学客員教授（～48年1月）
50年	4月	北里大学薬学部教授（～59年6月）
56年	5月	㈳北里研究所監事（～59年5月）
59年	5月	㈳北里研究所理事・副所長（～平成2年6月）
60年	7月	㈻北里学園理事（～平成15年6月）
平成2年	6月	㈳北里研究所理事・所長（～20年3月）
5年	2月	㈻女子美術大学理事（～9年1月）
9年	3月	㈻女子美術大学理事長（～15年5月）

13年 4月 北里大学北里生命科学研究所教授（〜19年3月）
北里大学北里生命科学研究所・所長（〜15年3月）
14年 3月 北里大学大学院感染制御科学府教授（〜19年3月）
17年 3月 米国ウェスレーヤン大学マックス・ティシュラー教授（〜現在）
19年 4月 北里大学名誉教授（〜現在）
㈻女子美術大学理事長（〜27年5月）
20年 4月 ㈻北里研究所名誉理事長（〜24年6月）
25年 3月 北里大学特別栄誉教授（〜現在）
27年 6月 ㈻女子美術大学名誉理事長（〜現在）

栄誉（受賞等）

昭和45年 3月 北里奨学賞 ㈳北里研究所
47年 10月 Sigma XI 会員
48年 3月 北里奨学賞（北里研究所）
57年 3月 北里奨学賞（北里研究所）
60年 1月 The New York Academy of Sciences 会員
7月 中国医学科学院名誉教授
6月 ヘキスト・ルセル賞（Hoechst-Roussel）賞（米国微生物学会）
61年 4月 日本薬学会賞

62年	6月	米国生化学・分子生物学会名誉会員
平成元年	3月	上原賞（上原記念生命科学財団）
2年	6月	日本学士院賞
3年	8月	チャールズ・トム（Charles Thom）賞（米国工業微生物学会）
	12月	ハンガリー国立ラヨス・コーシュス（Lajos Kosshuth）大学名誉理学博士
4年	4月	紫綬褒章
	5月	フランス国家功労勲章シュバリエ章（Chevalier de L' Ordre National du Merit）
	11月	ドイツ科学アカデミーレオポルディナ（Deutche Akademie der Naturforscher Leopoldina）外国人会員
	12月	米国微生物学アカデミー（American Academy of Microbiology）会員
5年	7月	60歳の誕生日を記念する The Journal of Antibiotics, 48, July（1995）特別号出版
6年	5月	米国ウェスレーヤン（Wesleyan）大学名誉理学博士
	11月	独国ローベルト・コッホ（Robert Koch）研究所名誉所員
7年	4月	米国工業微生物学会功績賞
	6月	藤原賞（藤原科学財団）
	9月	日本放線菌学会特別功績功労賞
9年	6月	瀋陽薬科大学名誉教授
	11月	ローベルト・コッホ（Robert Koch）ゴールドメダル（独国ローベルト・コッホ財団）
10年	1月	プリンス・マヒドン（Prince Mahidol）賞（タイ国）

11年 3月 日本化学会名誉会員
3月 紺綬褒章
4月 米国国立科学アカデミー外国人会員
5月 大村智の研究業績を顕彰する6^{th} International Conference on the Biotechnology of Microbial Products（BMP '99）開催（米国工業微生物学会）
大村智の研究業績を顕彰する27th Peter Anthony Leermakers Symposium 開催（米国ウェスレーヤン大学）
Elanco Animal Health Distinguished Lecturer（Elanco Animal Health, USA）
12年 3月 2000年度ナカニシ・プライズ（Nakanishi Prize）（日本化学会・米国化学会合同）
6月 野口賞（山梨日日新聞、山梨放送、山梨文化会館）
7月 坊ちゃん賞（東京理科大学理窓会）
10月 山梨県韮崎市名誉市民
13年 12月 日本学士院会員
14年 3月 フランス科学アカデミー外国人会員
11月 山梨県県政特別功績者
15年 4月 日本細菌学会特別名誉会員
16年 9月 ロシア自然科学アカデミー会員
17年 3月 アーネスト・ガンサー賞（Ernest Guenther Award in the Chemistry of Natural Products）（米国化学会）
4月 欧州科学アカデミー（ベルギー）会員

	9月	日本放線菌学会名誉会員
	10月	中国工学アカデミー外国人会員
	12月	英国王立化学会名誉会員
18年	4月	70歳の誕生日を記念する Heterocycle 69巻（2006）出版
	6月	中国暨南大学名誉教授
	8月	アムジェンレクチャーシップ賞（Amgen Lectureship Award）（米国工業微生物学会）
	10月	国立大学法人山梨大学名誉顧問
19年	4月	山梨県総合理工学研究機構名誉顧問
	4月	ハマオ・ウメザワ記念賞（Hamao Umezawa Memorial Award）（国際化学療法学会）
		レジオン・ドヌール勲章
20年	3月	Kitasato Microbial Chemistry Medal 受賞 ㈳北里研究所
	6月	20年度発明奨励功労賞 ㈳発明協会
21年	3月	日本農芸化学会名誉会員
22年	6月	テトラヘドロン・プライズ（Tetrahedron Prize for Creativity in Organic Chemistry）
23年	6月	瑞宝重光章
	9月	アリマ賞（国際微生物学連合）
24年	10月	文化功労者
25年	7月	米国生薬学会ノーマンR・ファルンスワース研究業績賞
26年	10月	カナダ・ガードナー国際保健賞
27年	1月	朝日賞

	8月	米国工業微生物学・バイオテクノロジー学会特別会員
	10月	ノーベル生理学・医学賞

財団理事・評議員・客員教授・学術雑誌編集委員等

昭和46年	4月	東京理科大学非常勤講師（～平成3年3月）
	9月	ウェスレーヤン大学（米国）客員教授（～昭和48年1月）
48年	4月	㈶日本抗生物質学術協議会評議員（～平成16年12月）
		J. Antibiotics 編集委員（～現在）
51年	4月	日本細菌学会評議員（～52年3月）
56年	4月	日本生化学会評議員（～現在）
	10月	東京工業大学大学院非常勤講師（～57年3月）
57年	4月	千葉大学大学院非常勤講師（～58年3月）
59年	7月	北里大学客員教授（～平成13年3月）
	10月	㈻北里学園評議員（～平成15年5月）
60年	1月	㈶サッポロ生物科学振興財団評議員（～昭和63年12月）
		中国瀋陽薬学院客員教授（～平成9年6月）
	7月	㈻北里学園理事（～平成15年6月）
62年	4月	㈶情報科学国際交流財団評議員（～平成元年6月）
		Committee Member of Foundation Rhone-Poulenc Sante（フランス）（～平成11年12

		月）
63年	7月	㈶チバ・ガイギー科学振興財団評議員（〜平成7年6月）
	10月	科学技術庁科学技術会議専門委員（〜平成元年2月）
		WHOウイルス性肝炎研究協力センター長（〜2年7月）
平成元年	6月	㈶国際青少年育成振興財団理事（〜7年11月）
	3月	㈶加藤記念バイオサイエンス研究振興財団評議員（〜9年3月）
	6月	㈶情報科学国際交流財団理事（〜20年7月）
	9月	㈶日本興亜損害保険春秋育英会理事（〜15年3月）
2年	7月	保健文化賞審査委員（〜20年3月）
		ベーリング・北里賞審査委員（〜8年9月）
3年	4月	東京理科大学特別客員教授（〜13年3月）
	6月	㈶日本興亜損害保険福祉財団理事（〜15年3月）
	10月	山梨県科学技術会議会長（〜14年12月）
5年	1月	文部省学術審議会専門委員（〜6年3月）
		Member of Editorial Board of Chemistry & Biology（〜17年12月）
	3月	㈻開智学園評議員（〜11年3月）
	4月	日本放線菌学会評議員（〜11年11月）
	6月	㈶日本抗生物質学術協議会監事（〜16年12月）
7年	3月	㈻開智学園理事（〜8年3月）
	4月	産業構造転換と地域経済活性化に関する懇談会（自治省）委員・座長（〜7年12月）

		㈶国際科学振興財団理事（〜10年3月）
	5月	㈳山梨科学アカデミー理事・副会長（〜21年5月）
8年	1月	Member of the Board of Consulting Editors of Tetrahedron, Tetrahedron Letters（〜18年3月）
	4月	日本臨床環境医学会顧問（〜20年6月）
	6月	日本学術振興会未来開拓学術研究推進事業「生命科学と化学的手法の融合による新有用物質生産」研究推進委員会委員（〜13年3月）
9年	4月	㈶加藤記念バイオサイエンス研究振興財団理事（〜27年3月）
	5月	中国王森燃学術研究会栄誉理事（〜現在）
		中国医学科学院瀋陽応用生態研究所客員教授（〜現在）
10年	6月	「工業所有権教育用副読本（小学生用）策定普及委員会」並びに「工業所有権標準テキスト策定普及委員会」（通産省、特許庁）委員長（〜13年12月）
11年	4月	㈻開智学園名誉学園長（〜現在）
12年	4月	山梨大学運営諮問会議委員（〜16年3月）
	6月	㈶キープ協会理事（〜16年6月）
14年	2月	全国発明表彰選考委員会委員及び化学専門部会委員・副部会長（〜20年3月）
15年	6月	㈶薬学研究奨励財団理事（〜現在）
16年	4月	国立大学法人山梨大学経営協議会委員（〜17年3月）
	10月	山梨県立美術館協議会会長（〜現在）
17年	1月	The Journal of Antibiotics 編集長（〜現在）

4月　山梨県総合理工学研究機構総長（〜19年3月）

10月　㈶日動美術財団評議員（〜21年9月）

18年 10月　国立大学法人山梨大学名誉顧問（〜現在）

19年 4月　山梨県総合理工学研究機構名誉顧問（〜現在）

21年 5月　㈳山梨科学アカデミー会長（〜27年4月）

27年 5月　㈳山梨科学アカデミー名誉会長（〜現在）

大村智
――2億人を病魔から守った化学者

2012年2月10日　初版発行
2015年11月10日　6版発行

著者　馬場錬成
発行者　大橋善光
発行所　中央公論新社
〒100-8152　東京都千代田区大手町1-7-1
電話　販売 03-5299-1730　編集 03-5299-1930
URL http://www.chuko.co.jp/

印刷　三晃印刷
製本　大口製本印刷

Published by CHUOKORON-SHINSHA, INC.
Printed in Japan　ISBN978-4-12-004326-0 C0043
定価はカバーに表示してあります。
落丁本・乱丁本はお手数ですが小社販売部宛お送り下さい。
送料小社負担にてお取り替えいたします。